CLASSIQUES & CIE
PHILO

Jean-Jacques Rousseau

Discours sur l'origine et les fondements de l'inégalité parmi les hommes

(1755)

Texte intégral

Collection dirigée par
Laurence Hansen-Løve

Analyse
Éric Zernik
agrégé de philosophie
professeur en lettres supérieures
au lycée Louis-le-Grand (Paris)

Hatier

DISCOURS SUR L'ORIGINE ET LES FONDEMENTS DE L'INÉGALITÉ PARMI LES HOMMES

Agrégé de philosophie, **Éric Zernik** enseigne en classe de lettres supérieures au lycée Louis-le-Grand (Paris). Il a notamment publié, avec Serge Le Diraison, *Le Corps des philosophes* (PUF, 1993), avec Jean Launay, *La Dissertation philosophique. Travaux d'approche* (PUF, 2004), et dirigé *La Pensée politique* (Ellipses, 2002).

Conception graphique de la maquette :
c-album, Jean-Baptiste Taine, Rachel Pfleger
Principe de couverture : Double. Mise en page : Chesteroc Ltd
Chronologie : Domino. Suivi éditorial : Catherine Zerdoun

ISBN : 978-2-218-95902-8

L'ARCHITECTURE DE L'ŒUVRE

L'AUTEUR ET LE CONTEXTE

THÈMES ET PROBLÉMATIQUES

OUTILS COMPLÉMENTAIRES

DISCOURS SUR L'ORIGINE ET LES FONDEMENTS DE L'INÉGALITÉ PARMI LES HOMMES

(1755)

DÉDICACE [1]

À la République de Genèvre Magnifiques, très honorés et souverains seigneurs

Convaincu qu'il n'appartient qu'au Citoyen vertueux de rendre à sa Patrie des honneurs qu'elle puisse avouer, il y a trente ans que je travaille à mériter de vous offrir un hommage public ; et cette heureuse occasion suppléant en partie à ce que mes efforts n'ont pu faire, j'ai cru qu'il me serait permis de consulter ici le zèle qui m'anime, plus que le droit qui devrait m'autoriser. Ayant eu le bonheur de naître parmi vous, comment pourrais-je méditer sur l'égalité que la nature a mise entre les hommes et sur l'inégalité qu'ils ont instituée, sans penser à la profonde sagesse avec laquelle l'une et l'autre, heureusement combinées dans cet État, concourent de la manière la plus approchante de la loi naturelle et la plus favorable à la société, au maintien de l'ordre public et au bonheur des particuliers ? En recherchant les meilleures maximes que le bon sens puisse dicter sur la constitution d'un gouvernement, j'ai été si frappé de les voir toutes en exécution dans le vôtre, que même sans être né dans vos murs, j'aurais cru ne pouvoir me dispenser d'offrir ce tableau de la société humaine, à celui de tous

1. Nous reproduisons ici la dédicace adressée par Rousseau à la République de Genève dans son orthographe originale. Par cette dédicace l'auteur, qui s'honore du titre de citoyen de Genève, n'entend pas seulement rendre hommage à sa ville natale, mais aussi à la République dans laquelle il a cru, un moment, retrouver le modèle de la cité vertueuse et bien administrée.

les Peuples qui me paraît en posséder les plus grands avantages, et en avoir le mieux prévenu les abus.

Si j'avais eu à choisir le lieu de ma naissance, j'aurais choisi une société d'une grandeur bornée par l'étendue des facultés humaines, c'est-à-dire par la possibilité d'être bien gouvernée, et où chacun suffisant à son emploi, nul n'eût été contraint de commettre à d'autres les fonctions dont il était chargé : un État où tous les particuliers se connaissant entre eux, les manœuvres obscures du vice ni la modestie de la vertu n'eussent pu se dérober aux regards et au jugement du Public, et où cette douce habitude de se voir et de se connaître, fît de l'amour de la Patrie l'amour des Citoyens plutôt que celui de la terre.

J'aurais voulu naître dans un pays où le Souverain et le peuple ne pussent avoir qu'un seul et même intérêt, afin que tous les mouvements de la machine ne tendissent jamais qu'au bonheur commun ; ce qui ne pouvant se faire à moins que le Peuple et le Souverain ne soient une même personne, il s'ensuit que j'aurais voulu naître sous un gouvernement démocratique, sagement tempéré.

J'aurais voulu vivre et mourir libre, c'est-à-dire tellement soumis aux lois que ni moi ni personne n'en put secouer l'honorable joug ; ce joug salutaire et doux, que les têtes les plus fières portent d'autant plus docilement qu'elles sont faites pour n'en porter aucun autre.

J'aurais donc voulu que personne dans l'État n'eût pu se dire au-dessus de la loi, et que Personne au-dehors n'en put imposer que l'État fût obligé de reconnaître. Car quelle que puisse être la constitution d'un gouvernement, s'il s'y trouve un seul homme qui ne soit pas soumis à la loi, tous les autres sont nécessairement à la discrétion de celui-là ; Et s'il y a un Chef national, et un autre Chef étranger, quelque partage d'autorité qu'ils puissent faire, il est impossible que l'un et l'autre soient bien obéis et que l'État soit bien gouverné.

Je n'aurais point voulu habiter une République de nouvelle institution, quelques bonnes lois qu'elle pût avoir ; de peur que le gouvernement autrement constitué peut-être qu'il ne faudrait pour le moment, ne convenant pas aux nouveaux Citoyens, ou les Citoyens au nouveau gouvernement, l'État ne fût sujet à être ébranlé et détruit presque dès sa naissance. Car il en est de la liberté comme de ces aliments solides et succulents, ou de ces vins généreux, propres à nourrir et fortifier les tempéraments robustes qui en ont l'habitude, mais qui accablent, ruinent et enivrent les faibles et délicats qui n'y sont point faits. Les Peuples une fois accoutumés à des Maîtres, ne sont plus en état de s'en passer. S'ils tentent de secouer le joug, ils s'éloignent d'autant plus de la liberté ; que prenant pour elle une licence effrénée qui lui est opposée, leurs révolutions les livrent presque toujours à des séducteurs qui ne font qu'aggraver leurs chaînes. Le Peuple Romain lui-même, ce modèle de tous les Peuples libres, ne fut point en état de se gouverner en sortant de l'oppression des Tarquins. Avili par l'esclavage et les travaux ignominieux qu'ils lui avoient imposés, ce n'était d'abord qu'une stupide Populace qu'il fallut ménager et gouverner avec la plus grande sagesse ; afin que s'accoutumant peu à peu à respirer l'air salutaire de la liberté, ces âmes énervées ou plutôt abruties sous la tyrannie, acquissent par degrés cette sévérité de mœurs et cette fierté de courage qui en firent enfin le plus respectable de tous les Peuples. J'aurais donc cherché pour ma Patrie une heureuse et tranquille République dont l'ancienneté se perdît en quelque sorte dans la nuit des tems ; qui n'eût éprouvé que des atteintes propres à manifester et affermir dans ses habitants le courage et l'amour de la Patrie, et où les Citoyens accoutumés de longue main à une sage indépendance, fussent, non-seulement libres, mais dignes de l'être.

J'aurais voulu me choisir une Patrie, détournée par une heureuse impuissance du féroce amour des Conquêtes, et garantie par une position encore plus heureuse de la crainte de devenir elle-même la Conquête d'un autre État: Une Ville libre placée entre plusieurs Peuples dont aucun n'eût intérêt à l'envahir, et dont chacun eût intérêt d'empêcher les autres de l'envahir eux mêmes: Une République, en un mot, qui ne tentât point l'ambition de ses voisins et qui put raisonnablement compter sur leurs secours au besoin. Il s'ensuit que, dans une position si heureuse, elle n'aurait eu rien à craindre que d'elle-même, et que si ses Citoyens s'étaient exercés aux armes, c'eût été plutôt pour entretenir chez eux cette ardeur guerrière et cette fierté de courage qui sied si bien à la liberté et qui en nourrit le goût, que par la nécessité de pourvoir à leur propre défense.

J'aurais cherché un Pays où le droit de législation fût commun à tous les Citoyens; car qui peut mieux savoir qu'eux sous quelles conditions il leur convient de vivre ensemble dans une même société? Mais je n'aurais pas approuvé des Plébiscites semblables à ceux des Romains où les Chefs de l'État et les plus intéressés à sa conservation étaient exclus des délibérations dont souvent dépendait son salut, et où par une absurde inconséquence les Magistrats étaient privés des droits dont jouissaient les simples Citoyens.

Au contraire, j'aurais désiré que pour arrêter les projets intéressés et mal conçus, et les innovations dangereuses qui perdirent enfin les Athéniens, chacun n'eût pas le pouvoir de proposer de nouvelles Lois à sa fantaisie; que ce droit appartint aux seuls Magistrats; qu'ils en usassent même avec tant de circonspection, que le Peuple de son côté fût si réservé à donner son consentement à ces Lois, et que la promulgation ne put s'en faire qu'avec tant de solennité, qu'avant que la constitution fût ébranlée on eût le temps de se convaincre que c'est surtout la grande antiquité des Lois qui les rend saintes et vénérables, que le Peuple méprise bientôt celles qu'il voit changer tous les jours, et qu'en s'accoutumant à négliger les anciens usages sous prétexte de faire mieux, on introduit souvent de grands maux pour en corriger de moindres.

J'aurais fui surtout, comme nécessairement mal gouvernée, une République où le Peuple croyant pouvoir se passer de ses Magistrats ou ne leur laisser qu'une autorité précaire, aurait imprudemment gardé l'administration des affaires Civiles et l'exécution de ses propres Lois ; telle dut être la grossière constitution des premiers gouvernement sortant immédiatement de l'état de Nature, et tel fut encore un des Vices qui perdirent la République d'Athènes.

Mais j'aurais choisi celle où les particuliers se contentant de donner la sanction aux lois, et de décider en Corps et sur le rapport des Chefs, les plus importantes affaires publiques, établiraient des tribunaux respectés, en distingueraient avec soin les divers département ; éliraient d'année en année les plus capables et les plus intègres de leurs Concitoyens pour administrer la Justice et gouverner l'État ; et où la Vertu des Magistrats portant ainsi témoignage de la sagesse du Peuple, les uns et les autres s'honoreraient mutuellement. De sorte que si jamais de funestes malentendus venaient à troubler la concorde publique, ces tems mêmes d'aveuglement et d'erreurs fussent marqués par des témoignages de modération, d'estime réciproque, et d'un commun respect pour les Loix ; présages et garants d'une réconciliation sincère et perpétuelle.

Tels sont, MAGNIFIQUES, TRÈS HONORÉS ET SOUVERAINS SEIGNEURS, les avantages que j'aurais recherchés dans la Patrie que je me serais choisie. Que si la Providence y avait ajouté de plus une situation charmante, un Climat tempéré, un pays fertile, et l'aspect le plus délicieux qui soit sous le Ciel, je n'aurais désiré pour combler mon bonheur que de jouir de tous ces biens dans le sein de cette heureuse Patrie, vivant paisiblement dans une douce société avec mes Concitoyens, exerçant envers eux, et à leur exemple, l'humanité, l'amitié et toutes les vertus, et laissant après moi l'honorable mémoire d'un homme de bien, et d'un honnête et vertueux Patriote.

Si, moins heureux ou trop tard sage, je m'étais vu réduit à finir en d'autres Climats une infirme et languissante carrière, regrettant inutilement le repos et la Paix dont une jeunesse imprudente m'aurait privé; j'aurais du moins nourri dans mon âme ces mêmes sentiments dont je n'aurais pu faire usage dans mon pays, et pénétré d'une affection tendre et désintéressée pour mes Concitoyens éloignés, je leur aurais adressé du fond de mon cœur à peu près le discours suivant.

Mes chers Concitoyens ou plutôt mes frères, puisque les liens du sang ainsi que les Lois nous unissent presque tous, il m'est doux de ne pouvoir penser à vous, sans penser en même tems à tous les biens dont vous jouissez et dont nul de vous peut-être ne sent mieux le prix que moi qui les ai perdus. Plus je réfléchis sur votre situation Politique et Civile, et moins je puis imaginer que la nature des choses humaines puisse en comporter une meilleure. Dans tous les autres Gouvernements, quand il est question d'assurer le plus grand bien de l'État, tout se borne toujours à des projets en idées, et tout au plus à de simples possibilités. Pour vous, votre bonheur est tout fait, il ne faut qu'en jouir, et vous n'avez plus besoin pour devenir parfaitement heureux, que de savoir vous contenter de l'être. Votre Souveraineté acquise ou recouvrée à la pointe de l'épée, et conservée durant deux siècles à force de valeur et de sagesse, est enfin pleinement et universellement reconnu. Des Traités honorables fixent vos limites, assurent vos droits et affermissent votre repos. Votre constitution est excellente, dictée par la plus sublime raison, et garantie par des Puissances amies et respectables; votre état est tranquille, vous n'avez ni guerres ni conquérants à craindre; vous n'avez point d'autres maîtres que de sages lois que vous avez faites, administrées par des Magistrats intègres qui sont de votre choix ; vous n'êtes ni assez riches pour vous énerver par la mollesse et perdre dans de vaines délices le goût du vrai bonheur et des solides vertus, ni assez pauvres pour avoir besoin de plus de secours étrangers que ne vous en procure votre industrie ; et cette liberté précieuse qu'on ne maintient chez les grandes Nations qu'avec des Impôts exorbitants, ne vous coûte presque rien à conserver.

Puisse durer toujours, pour le bonheur de ses Citoyens et l'exemple des Peuples une République si sagement et si heureusement constituée ! Voilà le seul vœu qui vous reste à faire, et le seul soin qui vous reste à prendre. C'est à vous seuls désormais, non à faire votre bonheur, vos Ancêtres vous en ont évité la peine, mais à le rendre durable par la sagesse d'en bien user. C'est de votre union perpétuelle, de votre obéissance aux lois ; de votre respect pour leurs Ministres que dépend votre conservation. S'il reste parmi vous le moindre germe d'aigreur ou de défiance, hâtez-vous de le détruire comme un levain funeste d'où résulteraient tôt ou tard vos malheurs et la ruine de l'État : Je vous conjure de rentrer tous au fond de votre Cœur et de consulter la voix secrète de votre conscience. Quelqu'un parmi vous connaît-il dans l'univers un Corps plus intègre, plus éclairé, plus respectable que celui de votre Magistrature ? Tous ses membres ne vous donnent-ils pas l'exemple de la modération, de la simplicité de mœurs, du respect pour les lois, et de la plus sincère réconciliation : rendez donc sans réserve à de si sages Chefs cette salutaire confiance que la raison doit à la vertu ; songez qu'ils sont de votre choix, qu'ils le justifient, et que les honneurs dus à ceux que vous avez constitués en dignité retombent nécessairement sur vous-mêmes. Nul de vous n'est assez peu éclairé pour ignorer qu'où cesse la vigueur des lois et l'autorité de leurs défenseurs, il ne peut y avoir ni sûreté ni liberté pour personne. De quoi s'agit-il donc entre vous que de faire de bon cœur et avec une juste confiance ce que vous seriez toujours obligés de faire par un véritable intérêt, par devoir, et pour la raison ? Qu'une coupable et funeste indifférence pour le maintien de la constitution, ne vous fasse jamais négliger au besoin les sages avis des plus éclairés et des plus zélés d'entre vous : Mais que l'équité, la modération, la plus respectueuse fermeté, continuent de régler toutes vos démarches et de montrer en vous à tout l'univers l'exemple d'un Peuple fier et modeste, aussi jaloux de sa gloire que de sa liberté. Gardez-vous, sur tout, et ce sera mon dernier Conseil, d'écouter jamais des interprétations sinistres et des discours envenimés dont les motifs secrets sont souvent plus dangereux que les actions qui en sont l'objet. Toute une maison s'éveille et se tient en alarmes aux premiers cris d'un bon et fidèle Gardien qui n'aboie jamais qu'à l'approche des Voleurs ; mais on haït l'importunité de ces animaux bruyants qui troublent sans cesse le repos public, et dont les avertissements continuels et déplacés ne se font pas même écouter au moment qu'ils sont nécessaires.

Et vous, MAGNIFIQUES ET TRÈS HONORÉS SEIGNEURS ; vous dignes et respectables Magistrats d'un Peuple libre ; permettez-moi de vous offrir en particulier mes hommages et mes devoirs. S'il y a dans le monde un rang propre à illustrer ceux qui l'occupent, c'est sans doute celui que donnent les talents et la vertu, celui dont vous vous êtes rendus dignes, et auquel vos Concitoyens vous ont élevés. Leur propre mérite ajoute encore au votre un nouvel éclat, et choisis par des hommes capables d'en gouverner d'autres, pour les gouverner eux-mêmes, je vous trouve autant au dessus des autres Magistrats, qu'un Peuple libre, et sur tout celui que vous avez l'honneur de conduire, est par ses lumières et par sa raison au dessus de la populace des autres États.

Qu'il me soit permis de citer un exemple dont il devrait rester de meilleures traces, et qui sera toujours présent à mon Cœur. Je ne me rappelle point sans la plus douce émotion la mémoire du vertueux Citoyen de qui j'ai reçu le jour, et qui souvent entretint mon enfance du respect qui vous était dû. Je le vois encore vivant du travail de ses mains, et nourrissant son ame des Vérités les plus sublimes. Je vois Tacite, Plutarque et Grotius, mêlés devant lui avec les instruments de son métier. Je vois à ses côtés un fils chéri recevant avec trop peu de fruit les tendres instructions du meilleur des Pères. Mais si les égarements d'une folle jeunesse me firent oublier durant un tems de si sages leçons, j'ai le bonheur d'éprouver enfin que quelque penchant qu'on ait vers le vice, il est difficile qu'une éducation dont le cœur se mêle reste perdue pour toujours.

Tels sont, MAGNIFIQUES ET TRÈS HONORÉS SEIGNEURS, les Citoyens et même les simples habitants nés dans l'État que vous gouvernez ; tels sont ces hommes instruits et sensés dont, sous le nom d'Ouvriers et de Peuple, on a chez les autres Nations des idées si basses et si fausses. Mon père, je l'avoue avec joie, n'était point distingué parmi ses concitoyens ; il n'étoit que ce qu'ils sont tous, et tel qu'il était, il n'y a point de Pays où sa société n'eût été recherchée, cultivée, et même avec fruit, par les plus honnêtes gens, Il ne m'appartient pas, et grâce au Ciel, il n'est pas nécessaire de vous parler des égards que peuvent attendre de vous des hommes de cette trempe, vos égaux par l'éducation, ainsi que par les droits de la nature et de la naissance ; vos inférieurs par leur volonté, par la préférence qu'ils devaient à votre mérite, qu'ils lui ont accordée, et pour laquelle vous leur devez à votre tour une sorte de reconnaissance. J'apprends avec une vive satisfaction de combien de douceur et de condescendance vous tempérez avec eux la gravité convenable aux ministres des Lois, combien vous leur rendez en estime et en attentions ce qu'ils vous doivent d'obéissance et de respects ; conduite pleine de justice et de sagesse, propre à éloigner de plus en plus la mémoire des événements malheureux qu'il faut oublier pour ne les revoir jamais : conduite d'autant plus judicieuse que ce

Peuple équitable et généreux se fait un plaisir de son devoir, qu'il aime naturellement à vous honorer, et que les plus ardents à soutenir leurs droits, sont les plus portés à respecter les vôtres.

Il ne doit pas être étonnant que les Chefs d'une Société Civile en aiment la gloire et le bonheur, mais il l'est trop pour le repos des hommes que ceux qui se regardent comme les Magistrats, ou plutôt comme les maîtres d'une Patrie plus sainte et plus sublime, témoignent quelque amour pour la Patrie terrestre qui les nourrit. Qu'il m'est doux de pouvoir faire en nôtre faveur une exception si rare, et placer au rang de nos meilleurs Citoyens, ces zélés dépositaires des dogmes sacrés autorisés par les lois, ces vénérables Pasteurs des âmes, dont la vive et douce éloquence porte d'autant mieux dans les Cœurs les maximes de l'Évangile, qu'il commencent toujours par les pratiquer eux-mêmes ! Tout le monde sait avec quel succès le grand art de la Chaire est cultivé à Genève; Mais, trop accoutumés à voir dire d'une manière et faire d'une autre, peu de Gens savent jusqu'à quel point l'esprit du Christianisme, la sainteté des mœurs, la sévérité pour soi-même et la douceur pour autrui, régnant dans le Corps de nos Ministres. Peut-être appartient-il à la seule Ville de Genève de montrer l'exemple édifiant d'une aussi parfaite union entre une Société de Théologiens et de Gens de Lettres. C'est en grande partie sur leur sagesse et leur modération reconnues, c'est sur leur zèle pour la prospérité de l'État que je fonde l'espoir de son éternelle tranquillité; et je remarque avec un plaisir mêlé d'étonnement et de respect, combien ils ont d'horreur pour les affreuses maximes de ces hommes sacrés et barbares dont l'Histoire fournit plus d'un exemple, et qui, pour soutenir les prétendus droits de Dieu, c'est-à-dire leurs intérêts, étaient d'autant moins avares du sang humain qu'ils se flattaient que le leur serait toujours respecté.

Pourrais-je oublier cette précieuse moitié de la République qui fait le bonheur de l'autre, et dont la douceur et la sagesse y maintiennent la paix et les bonnes mœurs ? Aimables et vertueuses Citoyennes, le sort de votre sexe sera toujours de gouverner le nôtre. Heureux ! quand votre chaste pouvoir exercé seulement dans l'union conjugale, ne se fait sentir que pour la gloire de l'État et le bonheur public. C'est ainsi que les femmes commandaient à Sparte, et c'est ainsi que vous méritez de commander à Genève. Quel homme barbare pourrait résister à la voix de l'honneur et de la raison dans la bouche d'une tendre épouse ; et qui ne mépriserait un vain luxe, en voyant votre simple et modeste parure, qui par l'éclat qu'elle tient de vous, semble être la plus favorable à la beauté ? C'est à vous de maintenir toujours par votre aimable et innocent empire et par votre esprit insinuant l'amour des lois dans l'État et la Concorde parmi les Citoyens ; de réunir par d'heureux mariages les familles divisées ; et surtout, de corriger par la persuasive douceur de vos leçons et par les grâces modestes de votre entretien, les travers que nos jeunes Gens vont prendre en d'autres pays, d'où, au lieu de tant de choses utiles dont ils pourraient profiter ils ne rapportent, avec un ton puérile et des airs ridicules pris parmi des femmes perdues, que l'admiration de je ne sais quelles prétendues grandeurs, frivoles dédommagements de la servitude, qui ne vaudront jamais l'auguste liberté. Soyez donc toujours ce que vous êtes, les chastes gardiennes des mœurs et les doux liens de la paix, et continuez de faire valoir, en toute occasion, les droits du Cœur et de la Nature au profit du devoir et de la vertu.

Je me flatte de n'être point démenti par l'événement, en fondant sur de tels garants l'espoir du bonheur commun des Citoyens et de la gloire de la République. J'avoue qu'avec tous ces avantages, elle ne brillera pas de cet éclat dont la plupart des yeux sont éblouis, et dont le puérile et funeste goût est le plus mortel ennemi du bonheur et de la liberté. Qu'une jeunesse dissolue aille chercher ailleurs des plaisirs faciles et de longs repentirs. Que les prétendus gens de goût admirent en d'autres lieux la grandeur des Palais, la beauté des équipages, les superbes ameublements, la pompe des spectacles, et tous les raffinements de la mollesse et du luxe. À Genève, on ne trouvera que des hommes, mais pourtant un tel spectacle a bien son prix, et ceux qui le rechercheront vaudront bien les admirateurs du reste.

Daignez, MAGNIFIQUES, TRÈS HONORÉS ET SOUVERAINS SEIGNEURS, recevoir tous avec la même bonté les respectueux témoignages de l'intérêt que je prends à votre prospérité commune. Si j'étais assez malheureux pour être coupable de quelque transport indiscret dans cette vive effusion de mon Cœur, je vous supplie de le pardonner à la tendre affection d'un vrai Patriote, et au zèle ardent et légitime d'un homme qui n'envisage point de plus grand bonheur pour lui-même que celui de vous voir vous heureux.

Je suis avec le plus profond respect
MAGNIFIQUES, TRÈS HONORÉS ET SOUVERAINS SEIGNEURS
Votre très humble et très obéissant serviteur et Concitoyen.

JEAN-JACQUES ROUSSEAU

À Chambéry, le 12 Juin 1754.

Avertissement sur les notes[1]

J'ai ajouté quelques notes à cet ouvrage selon ma coutume paresseuse de travailler à bâtons rompus. Ces notes s'écartent quelquefois assez du sujet pour n'être pas bonnes à lire avec le texte. Je les ai donc rejetées à la fin du Discours, *dans lequel j'ai tâché de suivre de mon mieux le plus droit chemin. Ceux qui auront le courage de recommencer pourront s'amuser la seconde fois à battre les buissons, et tenter de parcourir les notes ; il y aura peu de mal que les autres ne les lisent point du tout.*

J.-J. Rousseau

1. Les notes de Rousseau sont marquées d'un astérisque (1* à 18*) et figurent pp. 103-143.

PRÉFACE

La plus utile et la moins avancée de toutes les connaissances humaines me paraît être celle de l'homme [1*] et j'ose dire que la seule inscription du temple de Delphes contenait un précepte plus important et plus difficile que tous les gros livres des moralistes. Aussi je regarde le sujet de ce Discours comme une des questions les plus intéressantes que la philosophie puisse proposer, et malheureusement pour nous comme une des plus épineuses que les philosophes puissent résoudre. Car comment connaître la source de l'inégalité parmi les hommes, si l'on ne commence par les connaître eux-mêmes ? et comment l'homme viendra-t-il à bout de se voir tel que l'a formé la nature, à travers tous les changements que la succession des temps et des choses a dû produire dans sa constitution originelle, et de démêler ce qu'il tient de son propre fonds d'avec ce que les circonstances et ses progrès ont ajouté ou changé à son état primitif? Semblable à la statue de Glaucus [1] que le temps, la mer et les orages avaient tellement défigurée qu'elle ressemblait moins à un dieu qu'à une bête féroce, l'âme humaine altérée au sein de la société par mille causes sans cesse renaissantes, par l'acquisi-

1. Roi légendaire de Corinthe.

tion d'une multitude de connaissances et d'erreurs, par les changements arrivés à la constitution des corps, et par le choc continuel des passions, a, pour ainsi dire, changé d'apparence au point d'être presque méconnaissable ; et l'on n'y retrouve plus, au lieu d'un être agissant toujours par des principes certains et invariables, au lieu de cette céleste et majestueuse simplicité dont son auteur l'avait empreinte, que le difforme contraste de la passion qui croit raisonner et de l'entendement en délire.

Ce qu'il y a de plus cruel encore, c'est que tous les progrès de l'espèce humaine l'éloignant sans cesse de son état primitif, plus nous accumulons de nouvelles connaissances, et plus nous nous ôtons les moyens d'acquérir la plus importante de toutes, et que c'est en un sens à force d'étudier l'homme que nous nous sommes mis hors d'état de le connaître.

Il est aisé de voir que c'est dans ces changements successifs de la constitution humaine qu'il faut chercher la première origine des différences qui distinguent les hommes, lesquels d'un commun aveu sont naturellement aussi égaux entre eux que l'étaient les animaux de chaque espèce, avant que diverses causes physiques eussent introduit dans quelques-unes les variétés que nous y remarquons. En effet, il n'est pas concevable que ces premiers changements, par quelque moyen qu'ils soient arrivés, aient altéré tout à la fois et de la même manière tous les individus de l'espèce ; mais les uns s'étant perfectionnés ou détériorés, et ayant acquis diverses qualités bonnes ou mauvaises qui n'étaient point inhérentes à leur nature, les autres restèrent plus longtemps dans leur état originel ; et telle fut parmi les hommes la première source de l'inégalité, qu'il est plus aisé de démontrer ainsi en général que d'en assigner avec précision les véritables causes.

Que mes lecteurs ne s'imaginent donc pas que j'ose me flatter d'avoir vu ce qui me paraît si difficile à voir. J'ai commencé quelques raisonnements ; j'ai hasardé quelques conjectures, moins dans l'espoir de résoudre la question que dans l'intention de l'éclaircir et de la réduire à son véritable état. D'autres pourront aisément aller plus loin dans la même route, sans qu'il soit facile à personne d'arriver au terme. Car ce n'est pas une légère entreprise de démêler ce qu'il y a d'originaire et d'artificiel dans la nature actuelle de l'homme, et de bien connaître un état qui n'existe plus, qui n'a peut-être point existé, qui probablement n'existera jamais, et dont il est pourtant nécessaire d'avoir des notions justes pour bien juger de notre état présent. Il faudrait même plus de philosophie qu'on en pense à celui qui entreprendrait de déterminer exactement les précautions à prendre pour faire sur ce sujet de solides observations; et une bonne solution du problème suivant ne me paraîtrait pas indigne des Aristote et des Pline[1] de notre siècle. *Quelles expériences seraient nécessaires pour parvenir à connaître l'homme naturel; et quels sont les moyens de faire ces expériences au sein de la société?* Loin d'entreprendre de résoudre ce problème, je crois en avoir assez médité sur le sujet, pour oser répondre d'avance que les plus grands philosophes ne seront pas trop bons pour diriger ces expériences, ni les plus puissants souverains pour les faire; concours auquel il n'est guère raisonnable de s'attendre surtout avec la persévérance ou plutôt la succession de lumières et de bonne volonté nécessaire de part et d'autre pour arriver au succès.

Ces recherches si difficiles à faire, et auxquelles on a si peu songé jusqu'ici, sont pourtant les seuls moyens qui nous restent de lever une multitude de difficultés qui nous dérobent la connaissance des fondements réels de la société humaine. C'est cette ignorance de la nature de l'homme qui jette tant d'incertitude et d'obscurité sur la véritable définition du droit naturel: car l'idée du droit, dit M. Burlamaqui[2], et plus encore celle du droit naturel, sont manifestement des idées relatives

1. Écrivain latin (61-114), tenu pour le modèle même de l'honnête homme. \ **2.** Juriste, contemporain de Rousseau.

à la nature de l'homme. C'est donc de cette nature même de l'homme, continue-t-il, de sa constitution et de son état qu'il faut déduire les principes de cette science.

Ce n'est point sans surprise et sans scandale qu'on remarque le peu d'accord qui règne sur cette importante matière entre les divers auteurs qui en ont traité. Parmi les plus graves écrivains à peine en trouve-t-on deux qui soient du même avis sur ce point. Sans parler des anciens philosophes qui semblent avoir pris à tâche de se contredire entre eux sur les principes les plus fondamentaux, les jurisconsultes[1] romains assujettissent indifféremment l'homme et tous les autres animaux à la même loi naturelle, parce qu'ils considèrent plutôt sous ce nom la loi que la nature s'impose à elle-même que celle qu'elle prescrit ; ou plutôt, à cause de l'acception particulière selon laquelle ces jurisconsultes entendent le mot de loi qu'ils semblent n'avoir pris en cette occasion que pour l'expression des rapports généraux établis par la nature entre tous les êtres animés, pour leur commune conservation. Les modernes ne reconnaissant sous le nom de loi qu'une règle prescrite à un être moral, c'est-à-dire intelligent, libre, et considéré dans ses rapports avec d'autres êtres, bornent conséquemment au seul animal doué de raison, c'est-à-dire à l'homme, la compétence de la loi naturelle ; mais définissant cette loi chacun à sa mode, ils l'établissent tous sur des principes si métaphysiques qu'il y a, même parmi nous, bien peu de gens en état de comprendre ces principes, loin de pouvoir les trouver d'eux-mêmes. De sorte que toutes les définitions de ces savants hommes, d'ailleurs en perpétuelle contradiction entre elles, s'accordent seulement en ceci, qu'il est impossible d'entendre la loi de nature et par conséquent d'y obéir, sans être un très grand raisonneur et un

1. Juristes, théoriciens du droit.

profond métaphysicien. Ce qui signifie précisément que les hommes ont dû employer pour l'établissement de la société des lumières qui ne se développent qu'avec beaucoup de peine et pour fort peu de gens dans le sein de la société même.

Connaissant si peu la nature et s'accordant si mal sur le sens du mot loi, il serait bien difficile de convenir d'une bonne définition de la loi naturelle. Aussi toutes celles qu'on trouve dans les livres, outre le défaut de n'être point uniformes, ont-elles encore celui d'être tirées de plusieurs connaissances que les hommes n'ont point naturellement et des avantages dont ils ne peuvent concevoir l'idée qu'après être sortis de l'état de nature. On commence par rechercher les règles dont, pour l'utilité commune, il serait à propos que les hommes convinssent entre eux; et puis on donne le nom de loi naturelle à la collection de ces règles, sans autre preuve que le bien qu'on trouve qui résulterait de leur pratique universelle. Voilà assurément une manière très commode de composer des définitions, et d'expliquer la nature des choses par des convenances presque arbitraires.

Mais tant que nous ne connaîtrons point l'homme naturel, c'est en vain que nous voudrons déterminer la loi qu'il a reçue ou celle qui convient le mieux à sa constitution. Tout ce que nous pouvons voir très clairement au sujet de cette loi, c'est que non seulement pour qu'elle soit loi il faut que la volonté de celui qu'elle oblige puisse s'y soumettre avec connaissance, mais qu'il faut encore pour qu'elle soit naturelle qu'elle parle immédiatement par la voix de la nature.

Laissant donc tous les livres scientifiques qui ne nous apprennent qu'à voir les hommes tels qu'ils se sont faits, et méditant sur les premières et plus simples opérations de l'âme humaine, j'y crois apercevoir deux principes antérieurs à la raison, dont l'un nous intéresse ardemment à notre bien-être et à la conservation de nous-mêmes, et l'autre nous inspire une répugnance naturelle à voir périr ou souffrir tout être sensible et principalement nos semblables. C'est du concours et de la combinaison que notre esprit est en état de faire de ces deux principes, sans qu'il soit nécessaire d'y faire entrer celui de la sociabilité, que me paraissent découler toutes les règles du droit naturel; règles que la raison est ensuite forcée de rétablir sur d'autres fondements, quand par ses développements successifs elle est venue à bout d'étouffer la nature.

De cette manière, on n'est point obligé de faire de l'homme un philosophe avant que d'en faire un homme; ses devoirs envers autrui ne lui sont pas uniquement dictés par les tardives leçons de la sagesse; et tant qu'il ne résistera point à l'impulsion intérieure de la commisération, il ne fera jamais du mal à un autre homme ni même à aucun être sensible, excepté dans le cas légitime où sa conservation se trouvant intéressée, il est obligé de se donner la préférence à lui-même. Par ce moyen, on termine aussi les anciennes disputes sur la participation des animaux à la loi naturelle. Car il est clair que, dépourvus de lumières et de liberté, ils ne peuvent reconnaître cette loi; mais tenant en quelque chose à notre nature par la sensibilité dont ils sont doués, on jugera qu'ils doivent aussi participer au droit naturel, et que l'homme est assujetti envers eux à quelque espèce de devoirs. Il semble, en effet, que si je suis obligé de ne faire aucun mal à mon semblable, c'est moins parce qu'il est un être raisonnable que parce qu'il est un être sensible; qualité qui, étant commune à la bête et à l'homme, doit au moins donner à l'une le droit de n'être point maltraitée inutilement par l'autre.

Cette même étude de l'homme originel, de ses vrais besoins et des principes fondamentaux de ses devoirs, est encore le seul bon moyen qu'on puisse employer pour lever ces foules de difficultés qui se présentent sur l'origine de l'inégalité morale, sur les vrais fondements du corps politique, sur les droits réciproques de ses membres, et sur mille autres questions semblables, aussi importantes que mal éclaircies.

En considérant la société humaine d'un regard tranquille et désintéressé, elle ne semble montrer d'abord que la violence des hommes puissants et l'oppression des faibles ; l'esprit se révolte contre la dureté des uns ; on est porté à déplorer l'aveuglement des autres ; et comme rien n'est moins stable parmi les hommes que ces relations extérieures que le hasard produit plus souvent que la sagesse, et qu'on appelle faiblesse ou puissance, richesse ou pauvreté, les établissements humains paraissent au premier coup d'œil fondés sur des monceaux de sable mouvant ; ce n'est qu'en les examinant de près, ce n'est qu'après avoir écarté la poussière et le sable qui environnent l'édifice, qu'on aperçoit la base inébranlable sur laquelle il est élevé, et qu'on apprend à en respecter les fondements. Or sans l'étude sérieuse de l'homme, de ses facultés naturelles, et de leurs développements successifs, on ne viendra jamais à bout de faire ces distinctions, et de séparer dans l'actuelle constitution des choses ce qu'a fait la volonté divine d'avec ce que l'art humain a prétendu faire. Les recherches politiques et morales auxquelles donne lieu l'importante question que j'examine sont donc utiles de toute manière, et l'histoire hypothétique des gouvernements est pour l'homme une leçon instructive à tous égards. En considérant ce que nous serions devenus, abandonnés à nous-mêmes, nous devons apprendre à bénir celui dont la main bienfaisante, corrigeant nos institutions et leur donnant une assiette inébranlable, a prévenu les désordres qui devraient en résulter, et fait naître notre bonheur des moyens qui semblaient devoir combler notre misère.

Quem te Deus esse
Jussit et humana qua parte locatus es in re,
Disce. [1]

1. « Apprends ce que la divinité a voulu que tu sois, et quelle est ta place dans le monde humain » (Perse, *Satires*, III).

QUESTION PROPOSÉE PAR L'ACADÉMIE DE DIJON

QUELLE EST L'ORIGINE DE L'INÉGALITÉ PARMI LES HOMMES, ET SI ELLE EST AUTORISÉE PAR LA LOI NATURELLE

C'est de l'homme que j'ai à parler, et la question que j'examine m'apprend que je vais parler à des hommes, car on n'en propose point de semblables quand on craint d'honorer la vérité. Je défendrai donc avec confiance la cause de l'humanité devant les sages qui m'y invitent, et je ne serai pas mécontent de moi-même si je me rends digne de mon sujet et de mes juges.

Je conçois dans l'espèce humaine deux sortes d'inégalité ; l'une que j'appelle naturelle ou physique, parce qu'elle est établie par la nature, et qui consiste dans la différence des âges, de la santé, des forces du corps, et des qualités de l'esprit, ou de l'âme, l'autre qu'on peut appeler inégalité morale, ou politique, parce qu'elle dépend d'une sorte de convention, et qu'elle est établie, ou du moins autorisée par le consentement des hommes. Celle-ci consiste dans les différents privilèges, dont quelques-uns jouissent, au préjudice des autres, comme d'être plus riches, plus honorés, plus puissants qu'eux, ou même de s'en faire obéir.

On ne peut pas demander quelle est la source de l'inégalité naturelle, parce que la réponse se trouverait énoncée dans la simple définition du mot. On peut encore moins chercher s'il n'y aurait point quelque liaison essentielle entre les deux inégalités ; car ce serait demander, en d'autres termes, si ceux qui commandent valent nécessairement mieux que ceux qui obéissent, et si la force du corps ou de l'esprit, la sagesse ou la vertu, se trouvent toujours dans les mêmes individus, en proportion de la puissance, ou de la richesse : question bonne peut-être à agiter entre des esclaves entendus de leurs maîtres, mais qui ne convient pas à des hommes raisonnables et libres, qui cherchent la vérité.

De quoi s'agit-il donc précisément dans ce Discours ? De marquer dans le progrès des choses le moment où le droit succédant à la violence, la nature fut soumise à la loi ; d'expliquer par quel enchaînement de prodiges le fort put se résoudre à servir le faible, et le peuple à acheter un repos en idée, au prix d'une félicité réelle.

Les philosophes qui ont examiné les fondements de la société ont tous senti la nécessité de remonter jusqu'à l'état de nature, mais aucun d'eux n'y est arrivé. Les uns n'ont point balancé[1] à supposer à l'homme dans cet état la notion du juste et de l'injuste, sans se soucier de montrer qu'il dût avoir cette notion, ni même qu'elle lui fût utile. D'autres ont parlé du droit naturel que chacun a de conserver ce qui lui appartient, sans expliquer ce qu'ils entendaient par appartenir ; d'autres donnant d'abord au plus fort l'autorité sur le plus faible, ont aussitôt fait naître le gouvernement sans songer au temps qui dut s'écouler avant que le sens des mots d'autorité et de gouvernement pût exister parmi les hommes. Enfin, tous parlant sans cesse de besoin, d'avidité, d'oppression, de désirs, et d'orgueil, ont transporté à l'état de nature des idées qu'ils avaient prises dans la société. Ils parlaient de l'homme sauvage, et ils peignaient l'homme civil.

1. Hésité.

Il n'est pas même venu dans l'esprit de la plupart des nôtres de douter que l'état de nature eût existé, tandis qu'il est évident, par la lecture des Livres Sacrés, que le premier homme, ayant reçu immédiatement de Dieu des lumières et des préceptes, n'était point lui-même dans cet état, et qu'en ajoutant aux écrits de Moïse la foi que leur doit tout philosophe chrétien, il faut nier que, même avant le déluge, les hommes se soient jamais trouvés dans le pur état de nature, à moins qu'ils n'y soient retombés par quelque événement extraordinaire. Paradoxe fort embarrassant à défendre, et tout à fait impossible à prouver.

Commençons donc par écarter tous les faits, car ils ne touchent point à la question. Il ne faut pas prendre les recherches, dans lesquelles on peut entrer sur ce sujet, pour des vérités historiques, mais seulement pour des raisonnements hypothétiques et conditionnels, plus propres à éclaircir la nature des choses, qu'à en montrer la véritable origine, et semblables à ceux que font tous les jours nos physiciens sur la formation du monde. La religion nous ordonne de croire que Dieu lui-même ayant tiré les hommes de l'état de nature, immédiatement après la création, ils sont inégaux parce qu'il a voulu qu'ils le fussent ; mais elle ne nous défend pas de former des conjectures tirées de la seule nature de l'homme et des êtres qui l'environnent, sur ce qu'aurait pu devenir le genre humain, s'il fût resté abandonné à lui-même. Voilà ce qu'on me demande, et ce que je me propose d'examiner dans ce Discours. Mon sujet intéressant l'homme en général, je tâcherai de prendre un langage qui convienne à toutes les nations, ou plutôt oubliant les temps et les lieux, pour ne songer qu'aux hommes à qui je parle, je me supposerai dans le lycée d'Athènes, répétant les leçons de mes maîtres, ayant les Platon et les Xénocrate[1] pour juges, et le genre humain pour auditeur.

1. Philosophe (394-314 av. J.-C.), disciple de Platon, célèbre pour la pureté de ses mœurs.

Ô homme, de quelque contrée que tu sois, quelles que soient tes opinions, écoute. Voici ton histoire telle que j'ai cru la lire, non dans les livres de tes semblables qui sont menteurs, mais dans la nature qui ne ment jamais. Tout ce qui sera d'elle sera vrai. Il n'y aura de faux que ce que j'y aurai mêlé du mien sans le vouloir. Les temps dont je vais parler sont bien éloignés. Combien tu as changé de ce que tu étais ! C'est pour ainsi dire la vie de ton espèce que je vais décrire d'après les qualités que tu as reçues, que ton éducation et tes habitudes ont pu dépraver, mais qu'elles n'ont pu détruire. Il y a, je le sens, un âge auquel l'homme individuel voudrait s'arrêter ; tu chercheras l'âge auquel tu désirerais que ton espèce se fût arrêtée. Mécontent de ton état présent, par des raisons qui annoncent à ta postérité malheureuse de plus grands mécontentements encore, peut-être voudrais-tu pouvoir rétrograder ; et ce sentiment doit faire l'éloge de tes premiers aïeux, la critique de tes contemporains, et l'effroi de ceux qui auront le malheur de vivre après toi.

PREMIÈRE PARTIE

Quelque important qu'il soit, pour bien juger de l'état naturel de l'homme, de le considérer dès son origine, et de l'examiner, pour ainsi dire, dans le premier embryon de l'espèce, je ne suivrai point son organisation à travers ses développements successifs. Je ne m'arrêterai pas à rechercher dans le système animal ce qu'il put être au commencement, pour devenir enfin ce qu'il est; je n'examinerai pas si, comme le pense Aristote, ses ongles allongés ne furent point d'abord des griffes crochues; s'il n'était point velu comme un ours, et si marchant à quatre pieds[2*], ses regards dirigés vers la terre, et bornés à un horizon de quelques pas, ne marquaient point à la fois le caractère, et les limites de ses idées. Je ne pourrais former sur ce sujet que des conjectures vagues, et presque imaginaires. L'anatomie comparée a fait encore trop peu de progrès, les observations des naturalistes sont encore trop incertaines, pour qu'on puisse établir sur de pareils fondements la base d'un raisonnement solide; ainsi, sans avoir recours aux connaissances surnaturelles que nous avons sur ce point, et sans avoir égard aux changements qui ont dû survenir dans la conformation, tant intérieure qu'extérieure, de l'homme, à mesure qu'il appliquait ses membres à de nouveaux usages, et qu'il se nourrissait de nouveaux aliments, je le supposerai conforme de tout temps, comme je le vois aujourd'hui, marchant à deux pieds, se servant de ses mains comme nous faisons des nôtres, portant ses regards sur toute la nature, et mesurant des yeux la vaste étendue du ciel.

En dépouillant cet être, ainsi constitué, de tous les dons surnaturels qu'il a pu recevoir, et de toutes les facultés artificielles qu'il n'a pu acquérir que par de longs progrès, en le considérant, en un mot, tel qu'il a dû sortir des mains de la nature, je vois un animal moins fort que les uns, moins agile que les autres, mais, à tout prendre, organisé le plus avantageusement de tous. Je le vois se rassasiant sous un chêne, se désaltérant au premier ruisseau, trouvant son lit au pied du même arbre qui lui a fourni son repas, et voilà ses besoins satisfaits.

La terre abandonnée à sa fertilité naturelle[3*], et couverte de forêts immenses que la cognée ne mutila jamais, offre à chaque pas des magasins et des retraites aux animaux de toute espèce. Les hommes dispersés parmi eux observent, imitent leur industrie, et s'élèvent ainsi jusqu'à l'instinct des bêtes, avec cet avantage que chaque espèce n'a que le sien propre, et que l'homme n'en ayant peut-être aucun qui lui appartienne, se les approprie tous, se nourrit également de la plupart des aliments divers[4*] que les autres animaux se partagent, et trouve par conséquent sa subsistance plus aisément que ne peut faire aucun d'eux.

Accoutumés dès l'enfance aux intempéries de l'air, et à la rigueur des saisons, exercés à la fatigue, et forcés de défendre nus et sans armes leur vie et leur proie contre les autres bêtes féroces, ou de leur échapper à la course, les hommes se forment un tempérament robuste et presque inaltérable. Les enfants apportant au monde l'excellente constitution de leurs pères, et la fortifiant par les mêmes exercices qui l'ont produite, acquièrent ainsi toute la vigueur dont l'espèce humaine est capable. La nature en use précisément avec eux comme la loi de Sparte avec les enfants des citoyens ; elle rend forts et robustes ceux qui sont bien constitués et fait périr tous les autres ; différente en cela de nos sociétés, où l'État, en rendant les enfants onéreux aux pères, les tue indistinctement avant leur naissance [1].

Le corps de l'homme sauvage étant le seul instrument qu'il connaisse, il l'emploie à divers usages, dont, par le défaut d'exercice, les nôtres sont incapables, et c'est notre industrie qui nous ôte la force et l'agilité que la nécessité l'oblige d'acquérir. S'il avait eu une hache, son poignet romprait-il de si fortes branches ? S'il avait eu une fronde, lancerait-il de la main une pierre avec tant de raideur ? S'il avait eu une échelle, grimperait-il sur un arbre ? S'il avait eu un cheval, serait-il si vite à la course ? Laissez à l'homme civilisé le temps de rassembler toutes ses machines autour de lui, on ne peut douter qu'il ne surmonte facilement l'homme sauvage ; mais si vous voulez voir un combat plus inégal encore, mettez-les nus et désarmés vis-à-vis l'un de l'autre, et vous reconnaîtrez bientôt quel est l'avantage d'avoir sans cesse toutes ses forces à sa disposition, d'être toujours prêt à tout événement, et de se porter, pour ainsi dire, toujours tout entier avec soi [5*].

Hobbes prétend que l'homme est naturellement intrépide, et ne cherche qu'à attaquer, et combattre. Un philosophe illustre pense au contraire, et Cumberland et Pufendorf [2] l'assurent aussi, que rien n'est si timide que l'homme dans l'état de nature, et qu'il est toujours tremblant, et prêt à fuir au moindre bruit qui le frappe, au moindre mouvement qu'il aperçoit. Cela peut être ainsi pour les objets qu'il ne connaît pas, et je ne doute point qu'il ne soit effrayé par tous les nouveaux spectacles qui s'offrent

---

1. Allusion à la tolérance de l'État, à l'époque de Rousseau, à l'égard de l'avortement. \ **2.** Juriste et philosophe allemand (1632-1694),. Dans son ouvrage *Du droit de la nature et des gens* (1672), il propose déjà une théorie du contrat social. Mais Rousseau exprime son désaccord avec certaines de ses thèses dans *Du contrat social*.

à lui, toutes les fois qu'il ne peut distinguer le bien et le mal physique qu'il en doit attendre, ni comparer ses forces avec les dangers qu'il a à courir ; circonstances rares dans l'état de nature, où toutes choses marchent d'une manière si uniforme, et où la face de la terre n'est point sujette à ces changements brusques et continuels, qu'y causent les passions et l'inconstance des peuples réunis. Mais l'homme sauvage vivant dispersé parmi les animaux, et se trouvant de bonne heure dans le cas de se mesurer avec eux, il en fait bientôt la comparaison, et sentant qu'il les surpasse plus en adresse qu'ils ne le surpassent en force, il apprend à ne plus les craindre. Mettez un ours, ou un loup aux prises avec un sauvage robuste ; agile, courageux comme ils sont tous, armé de pierres, et d'un bon bâton, et vous verrez que le péril sera tout au moins réciproque, et qu'après plusieurs expériences pareilles, les bêtes féroces, qui n'aiment point s'attaquer l'une à l'autre, s'attaqueront peu volontiers à l'homme, qu'elles auront trouvé tout aussi féroce qu'elles. À l'égard des animaux qui ont réellement plus de force qu'il n'a d'adresse, il est vis-à-vis d'eux dans le cas des autres espèces plus faibles, qui ne laissent pas [1] de subsister ; avec cet avantage pour l'homme, que non moins dispos qu'eux à la course, et trouvant sur les arbres un refuge presque assuré, il a partout le prendre et le laisser dans la rencontre [2], et le choix de la fuite ou du combat. Ajoutons qu'il ne paraît pas qu'aucun animal fasse naturellement la guerre à l'homme, hors le cas de sa propre défense ou d'une extrême faim, ni témoigne contre lui de ces violentes antipathies qui semblent annoncer qu'une espèce est destinée par la nature à servir de pâture à l'autre.

D'autres ennemis plus redoutables, et dont l'homme n'a pas les mêmes moyens de se défendre, sont les infirmités naturelles,

1. Qui continuent pourtant de… \ **2.** C'est lui qui prend l'initiative…

l'enfance, la vieillesse, et les maladies de toute espèce ; tristes signes de notre faiblesse, dont les deux premiers sont communs à tous les animaux, et dont le dernier appartient principalement à l'homme vivant en société. J'observe même, au sujet de l'enfance, que la mère, portant partout son enfant avec elle, a beaucoup plus de facilité à le nourrir que n'ont les femelles de plusieurs animaux, qui sont forcées d'aller et venir sans cesse avec beaucoup de fatigue, d'un côté pour chercher leur pâture, et de l'autre pour allaiter ou nourrir leurs petits. Il est vrai que si la femme vient à périr, l'enfant risque fort de périr avec elle ; mais ce danger est commun à cent autres espèces, dont les petits ne sont de longtemps en état d'aller chercher eux-mêmes leur nourriture ; et si l'enfance est plus longue parmi nous, la vie étant plus longue aussi, tout est encore à peu près égal en ce point[6*], quoiqu'il y ait sur la durée du premier âge, et sur le nombre des petits[7*], d'autres règles, qui ne sont pas de mon sujet. Chez les vieillards, qui agissent et transpirent peu, le besoin d'aliments diminue avec la faculté d'y pourvoir ; et comme la vie sauvage éloigne d'eux la goutte et les rhumatismes, et que la vieillesse est de tous les maux celui que les secours humains peuvent le moins soulager, ils s'éteignent enfin, sans qu'on s'aperçoive qu'ils cessent d'être, et presque sans s'en apercevoir eux-mêmes.

À l'égard des maladies, je ne répéterai point les vaines et fausses déclamations, que font contre la médecine la plupart des gens en santé ; mais je demanderai s'il y a quelque observation solide de laquelle on puisse conclure que dans les pays, où cet art est le plus négligé, la vie moyenne de l'homme soit plus courte que dans ceux où il est cultivé avec le plus de soin ; et comment cela pourrait-il être, si nous nous donnons plus de maux que la médecine ne peut nous fournir de remèdes ! L'extrême inégalité dans la manière de vivre, l'excès de travail dans les autres, la facilité d'irriter et de satisfaire nos appétits et notre sensualité, les aliments trop recherchés des riches, qui les nourrissent de sucs échauffants et les accablent d'indigestions, la mauvaise nourriture des pauvres, dont ils manquent même le plus souvent, et dont le défaut les porte à surcharger avidement leur estomac dans l'occasion, les veilles, les excès de toute espèce, les transports immodérés de toutes les passions, les fatigues, et l'épuisement d'esprit, les chagrins, et les peines sans nombre qu'on éprouve dans tous les états, et dont les âmes sont perpétuellement rongées. Voilà les funestes garants que la plupart de nos maux sont notre propre ouvrage, et que nous les aurions presque tous évités, en conservant la manière de vivre simple, uniforme, et solitaire qui nous était prescrite par la nature. Si elle nous a destinés à être sains, j'ose presque assurer que l'état de réflexion est un état contre nature, et que l'homme qui médite est un animal dépravé. Quand on songe à la bonne constitution des sauvages, au moins de ceux que nous n'avons pas perdus avec nos liqueurs fortes, quand on sait qu'ils ne connaissent presque d'autres maladies que les blessures et la vieillesse, on est très porté à croire qu'on ferait aisément l'histoire des maladies humaines en suivant celle des sociétés civiles. C'est au moins l'avis de Platon, qui juge, sur certains remèdes employés ou approuvés par Podalyre et Macaon au siège de Troie, que diverses maladies, que ces remèdes devaient exciter, n'étaient point encore alors connues parmi les hommes.

Avec si peu de sources de maux, l'homme dans l'état de nature n'a donc guère besoin de remèdes, moins encore de médecins ; l'espèce humaine n'est point non plus à cet égard de pire condition que toutes les autres, et il est aisé de savoir des chasseurs si dans leurs courses ils trouvent beaucoup d'animaux infirmes. Plusieurs en trouvent-ils qui ont reçu des blessures considérables très bien cicatrisées, qui ont eu des os, et même des membres, rompus et repris sans autre chirurgien que le temps, sans autre régime que leur vie ordinaire, et qui n'en sont pas moins parfaitement guéris, pour n'avoir point été tourmentés d'incisions, empoisonnés de drogues, ni exténués de jeûnes. Enfin, quelque utile que puisse être parmi nous la médecine bien administrée, il est toujours certain que si le sauvage malade abandonné à lui-même n'a rien à espérer que de la nature, en revanche il n'a rien à craindre que de son mal, ce qui rend souvent sa situation préférable à la nôtre.

Gardons-nous donc de confondre l'homme sauvage avec les hommes que nous avons sous les yeux. La nature traite tous les animaux abandonnés à ses soins avec une prédilection, qui semble montrer combien elle est jalouse de ce droit. Le cheval, le chat, le taureau, l'âne même ont la plupart une taille plus haute, tous une constitution plus robuste, plus de vigueur, de force, et de courage dans les forêts que dans nos maisons ; ils perdent la moitié de ces avantages en devenant domestiques, et l'on dirait que tous nos soins à bien traiter et nourrir ces animaux n'aboutissent qu'à les abâtardir. Il en est ainsi de l'homme même : en devenant sociable et esclave, il devient faible, craintif, rampant, et sa manière de vivre molle et efféminée achève d'énerver à la fois sa force et son courage. Ajoutons qu'entre les conditions sauvages et domestiques la différence d'homme à homme doit être plus grande encore que celle de bête à bête ; car l'animal et l'homme ayant été traités également par la nature, toutes les commodités que l'homme se donne de plus qu'aux animaux qu'il apprivoise sont autant de causes particulières qui le font dégénérer plus sensiblement.

Ce n'est donc pas un si grand malheur à ces premiers hommes, ni surtout un si grand obstacle à leur conservation, que la nudité, le défaut d'habitation, et la privation de toutes ces inutilités, que nous croyons si nécessaires. S'ils n'ont pas la peau velue, ils n'en ont aucun besoin dans les pays chauds, et ils savent bientôt, dans les pays froids, s'approprier celles des bêtes qu'ils ont vaincues ; s'ils n'ont que deux pieds pour courir, ils ont deux bras pour pourvoir à leur défense et à leurs besoins ;

leurs enfants marchent peut-être tard et avec peine, mais les mères les portent avec facilité ; avantage qui manque aux autres espèces, où la mère, étant poursuivie, se voit contrainte d'abandonner ses petits, ou de régler son pas sur le leur. Enfin, à moins de supposer ces concours singuliers et fortuits de circonstances, dont je parlerai dans la suite, et qui pouvaient fort bien ne jamais arriver, il est clair en tout état de cause que le premier qui se fit des habits ou un logement se donna en cela des choses peu nécessaires, puisqu'il s'en était passé jusqu'alors, et qu'on ne voit pas pourquoi il n'eût pu supporter, homme fait [1], un genre de vie qu'il supportait dès son enfance.

Seul, oisif, et toujours voisin du danger, l'homme sauvage doit aimer à dormir, et avoir le sommeil léger comme les animaux, qui, pensant peu, dorment, pour ainsi dire, tout le temps qu'ils ne pensent point. Sa propre conservation faisant presque son unique soin, ses facultés les plus exercées doivent être celles qui ont pour objet principal l'attaque et la défense, soit pour subjuguer sa proie, soit pour se garantir d'être celle d'un autre animal : au contraire, les organes qui ne se perfectionnent que par la mollesse et la sensualité doivent rester dans un état de grossièreté, qui exclut en lui toute espèce de délicatesse ; et ses sens se trouvant partagés sur ce point, il aura le toucher et le goût d'une rudesse extrême ; la vue, l'ouïe et l'odorat de la plus grande subtilité. Tel est l'état animal en général, et c'est aussi, selon le rapport des voyageurs, celui de la plupart des peuples sauvages. Ainsi, il ne faut point s'étonner, que les Hottentots du cap de Bonne-Espérance découvrent, à la simple vue des vaisseaux en haute mer, d'aussi loin que les Hollandais avec des lunettes, ni que les sauvages de l'Amérique sentissent les Espagnols à la piste, comme auraient pu faire les meilleurs

1. Homme adulte.

chiens, ni que toutes ces nations barbares supportent sans peine leur nudité, aiguisent leur goût à force de piment, et boivent des liqueurs européennes comme de l'eau.

Je n'ai considéré jusqu'ici que l'homme physique. Tâchons de le regarder maintenant par le côté métaphysique et moral.

Je ne vois dans tout animal qu'une machine ingénieuse, à qui la nature a donné des sens pour se remonter elle-même, et pour se garantir, jusqu'à un certain point, de tout ce qui tend à la détruire, ou à la déranger. J'aperçois précisément les mêmes choses dans la machine humaine, avec cette différence que la nature seule fait tout dans les opérations de la bête, au lieu que l'homme concourt aux siennes, en qualité d'agent libre. L'un choisit ou rejette par instinct, et l'autre par un acte de liberté ; ce qui fait que la bête ne peut s'écarter de la règle qui lui est prescrite, même quand il lui serait avantageux de le faire, et que l'homme s'en écarte souvent à son préjudice. C'est ainsi qu'un pigeon mourrait de faim près d'un bassin rempli des meilleures viandes, et un chat sur des tas de fruits, ou de grain, quoique l'un et l'autre pût très bien se nourrir de l'aliment qu'il dédaigne, s'il s'était avisé d'en essayer. C'est ainsi que les hommes dissolus se livrent à des excès, qui leur causent la fièvre et la mort ; parce que l'esprit déprave les sens, et que la volonté parle encore, quand la nature se tait.

Tout animal a des idées puisqu'il a des sens, il combine même ses idées jusqu'à un certain point, et l'homme ne diffère à cet égard de la bête que du plus au moins. Quelques philosophes ont même avancé qu'il y a plus de différence de tel homme à tel homme que de tel homme à telle bête ; ce n'est donc pas tant l'entendement qui fait parmi les animaux la distinction spécifique de l'homme que sa qualité d'agent libre. La nature commande à tout animal, et la bête obéit. L'homme éprouve la même impression, mais il se reconnaît libre d'acquiescer, ou de résister ; et c'est surtout dans la conscience de cette liberté que se montre la spiritualité de son âme : car la physique explique en quelque manière le mécanisme des sens et la formation des idées ; mais dans la puissance de vouloir ou plutôt de choisir, et dans le sentiment de cette puissance on ne trouve que des actes purement spirituels, dont on n'explique rien par les lois de la mécanique.

Mais, quand les difficultés qui environnent toutes ces questions laisseraient quelque lieu de disputer sur cette différence de l'homme et de l'animal, il y a une autre qualité très spécifique qui les distingue, et sur laquelle il ne peut y avoir de contestation, c'est la faculté de se perfectionner ; faculté qui, à l'aide des circonstances, développe successivement toutes les autres, et réside parmi nous tant dans l'espèce que dans l'individu, au lieu qu'un animal est, au bout de quelques mois, ce qu'il sera toute sa vie, et son espèce, au bout de mille ans, ce qu'elle était la première année de ces mille ans. Pourquoi l'homme seul est-il sujet à devenir imbécile ? N'est-ce point qu'il retourne ainsi dans son état primitif, et que, tandis que la bête, qui n'a rien acquis et qui n'a rien non plus à perdre, reste toujours avec son instinct, l'homme reperdant par la vieillesse ou d'autres accidents tout ce que sa *perfectibilité* lui avait fait acquérir, retombe ainsi plus bas que la bête même ? Il serait triste pour nous d'être forcés de convenir, que cette faculté distinctive, et presque illimitée, est la source de tous les malheurs de l'homme ; que c'est elle qui le tire, à force de temps, de cette condition originaire, dans laquelle il coulerait des jours tranquilles et innocents ; que c'est elle, qui faisant éclore avec les siècles ses lumières et ses erreurs, ses vices et ses vertus, le rend à la longue le tyran de lui-même et de la nature[8*]. Il serait affreux d'être obligé de louer comme un être bienfaisant celui qui le premier suggéra à l'habitant des rives de l'Orénoque l'usage de ces ais[1] qu'il applique sur les tempes de

1. Planchettes de bois.

ses enfants, et qui leur assurent du moins une partie de leur imbécillité et de leur bonheur originel.

L'homme sauvage, livré par la nature au seul instinct, ou plutôt dédommagé de celui qui lui manque peut-être par des facultés capables d'y suppléer d'abord, et de l'élever ensuite fort au-dessus de celle-là, commencera donc par les fonctions purement animales[9*] : apercevoir et sentir sera son premier état, qui lui sera commun avec tous les animaux. Vouloir et ne pas vouloir, désirer et craindre, seront les premières et presque les seules opérations de son âme, jusqu'à ce que de nouvelles circonstances y causent de nouveaux développements.

Quoi qu'en disent les moralistes, l'entendement humain doit beaucoup aux passions, qui, d'un commun aveu, lui doivent beaucoup aussi : c'est par leur activité que notre raison se perfectionne ; nous ne cherchons à connaître que parce que nous désirons de jouir, et il n'est pas possible de concevoir pourquoi celui qui n'aurait ni désirs ni craintes se donnerait la peine de raisonner. Les passions, à leur tour, tirent leur origine de nos besoins, et leur progrès de nos connaissances ; car on ne peut désirer ou craindre les choses que sur les idées qu'on en peut avoir, ou par la simple impulsion de la nature ; et l'homme sauvage, privé de toute sorte de lumières, n'éprouve que les passions de cette dernière espèce ; ses désirs ne passent pas[1] ses besoins physiques[10*] ; les seuls biens, qu'il connaisse dans l'univers sont la nourriture, une femelle et le repos ; les seuls maux qu'il craigne sont la douleur et la faim ; je dis la douleur et non la mort ; car jamais l'animal ne saura ce que c'est que mourir, et la connaissance de la mort, et de ses terreurs, est une des premières acquisitions que l'homme ait faites, en s'éloignant de la condition animale.

1. Ne vont pas au-delà (de ses besoins physiques).

Il me serait aisé, si cela m'était nécessaire, d'appuyer ce sentiment par les faits, et de faire voir que chez toutes les nations du monde, les progrès de l'esprit se sont précisément proportionnés aux besoins que les peuples avaient reçus de la nature, ou auxquels les circonstances les avaient assujettis, et par conséquent aux passions, qui les portaient à pourvoir à ces besoins. Je montrerais en Égypte les arts naissants, et s'étendant avec les débordements du Nil ; je suivrais leur progrès chez les Grecs, où l'on les vit germer, croître, et s'élever jusqu'aux cieux parmi les sables et les rochers de l'Attique, sans pouvoir prendre racine sur les bords fertiles de l'Eurotas ; je remarquerais qu'en général les peuples du Nord sont plus industrieux que ceux du Midi, parce qu'ils peuvent moins se passer de l'être, comme si la nature voulait ainsi égaliser les choses, en donnant aux esprits la fertilité qu'elle refuse à la terre.

Mais sans recourir aux témoignages incertains de l'Histoire, qui ne voit que tout semble éloigner de l'homme sauvage la tentation et les moyens de cesser de l'être ? Son imagination ne lui peint rien ; son cœur ne lui demande rien. Ses modiques besoins se trouvent si aisément sous la main, et il est si loin du degré de connaissances nécessaires pour désirer d'en acquérir de plus grandes qu'il ne peut avoir ni prévoyance, ni curiosité. Le spectacle de la nature lui devient indifférent, à force de lui devenir familier. C'est toujours le même ordre, ce sont toujours les mêmes révolutions ; il n'a pas l'esprit de s'étonner des plus grandes merveilles ; et ce n'est pas chez lui qu'il faut chercher la philosophie dont l'homme a besoin, pour savoir observer une fois ce qu'il a vu tous les jours. Son âme, que rien n'agite, se livre au seul sentiment de son existence actuelle, sans aucune idée de l'avenir, quelque prochain qu'il puisse être, et ses projets, bornés comme ses vues, s'étendent à peine jusqu'à la fin de la journée. Tel est encore aujourd'hui le degré de prévoyance du Caraïbe :

il vend le matin son lit de coton, et vient pleurer le soir pour le racheter, faute d'avoir prévu qu'il en aurait besoin pour la nuit prochaine.

Plus on médite sur ce sujet, plus la distance des pures sensations aux plus simples connaissances s'agrandit à nos regards ; et il est impossible de concevoir comment un homme aurait pu par ses seules forces, sans le secours de la communication, et sans l'aiguillon de la nécessité, franchir un si grand intervalle. Combien de siècles se sont peut-être écoulés, avant que les hommes aient été à portée[1] de voir d'autre feu que celui du ciel ? Combien ne leur a-t-il pas fallu de différents hasards pour apprendre les usages les plus communs de cet élément ? Combien de fois ne l'ont-ils pas laissé éteindre, avant que d'avoir acquis l'art de le reproduire ? Et combien de fois peut-être chacun de ces secrets n'est-il pas mort avec celui qui l'avait découvert ? Que dirons-nous de l'agriculture, art qui demande tant de travail et de prévoyance ; qui tient à d'autres arts, qui très évidemment n'est praticable que dans une société au moins commencée, et qui ne nous sert pas tant à tirer de la terre des aliments qu'elle fournirait bien sans cela qu'à la forcer aux préférences, qui sont le plus de notre goût ? Mais supposons que les hommes eussent tellement multiplié[2] que les productions naturelles n'eussent plus suffi pour les nourrir ; supposition qui, pour le dire en passant, montrerait un grand avantage pour l'espèce humaine dans cette manière de vivre ; supposons que sans forges, et sans ateliers, les instruments du labourage fussent tombés du ciel entre les mains des sauvages ; que ces hommes eussent vaincu la haine mortelle qu'ils ont tous pour un travail continu ; qu'ils eussent appris à prévoir de si loin leurs besoins, qu'ils eussent deviné comment il faut cultiver la terre, semer les grains, et planter les arbres ;

1. En mesure. \ **2.** Se fussent tellement multipliés.

qu'ils eussent trouvé l'art de moudre le blé, et de mettre le raisin en fermentation ; toutes choses qu'il leur a fallu faire enseigner par les dieux, faute de concevoir comment ils les auraient apprises d'eux-mêmes : quel serait après cela, l'homme assez insensé pour se tourmenter à la culture d'un champ qui sera dépouillé par le premier venu, homme ou bête indifféremment, à qui cette moisson conviendra ; et comment chacun pourra-t-il se résoudre à passer sa vie à un travail pénible, dont il est d'autant plus sûr de ne pas recueillir le prix qu'il lui sera plus nécessaire ? En un mot, comment cette situation pourra-t-elle porter les hommes à cultiver la terre, tant qu'elle ne sera point partagée entre eux, c'est-à-dire tant que l'état de nature ne sera point anéanti ?

Quand nous voudrions supposer un homme sauvage aussi habile dans l'art de penser que nous le font nos philosophes ; quand nous en ferions, à leur exemple, un philosophe lui-même, découvrant seul les plus sublimes vérités, se faisant, par des suites de raisonnements très abstraits, des maximes de justice et de raison tirées de l'amour de l'ordre en général, ou de la volonté connue de son Créateur : en un mot, quand nous lui supposerions dans l'esprit autant d'intelligence et de lumières qu'il doit avoir, et qu'on lui trouve en effet de pesanteur et de stupidité, quelle utilité retirerait l'espèce de toute cette métaphysique, qui ne pourrait se communiquer et qui périrait avec l'individu qui l'aurait inventée ? Quel progrès pourrait faire le genre humain épars dans les bois parmi les animaux ? Et jusqu'à quel point pourraient se perfectionner, et s'éclairer mutuellement les hommes qui, n'ayant ni domicile fixe ni aucun besoin l'un de l'autre, se rencontreraient, peut-être à peine deux fois en leur vie, sans se connaître, et sans se parler ?

Qu'on songe de combien d'idées nous sommes redevables à l'usage de la parole ; combien la grammaire exerce et facilite les opérations de l'esprit ; et qu'on pense aux peines inconcevables, et au temps infini qu'à dû coûter la première invention des langues ; qu'on joigne ces réflexions aux précédentes, et l'on jugera combien il eût fallu de milliers de siècles, pour développer successivement dans l'esprit humain les opérations donc il était capable.

Qu'il me soit permis de considérer un instant les embarras de l'origine des langues. Je pourrais me contenter de citer ou de répéter ici les recherches que M. l'abbé de Condillac[1] a faites sur cette matière, qui toutes confirment pleinement mon sentiment, et qui, peut-être, m'en ont donné la première idée. Mais la manière dont ce philosophe résout les difficultés qu'il se fait à lui-même sur l'origine des signes institués, montrant qu'il a supposé ce que je mets en question, savoir une sorte de société déjà établie entre les inventeurs du langage, je crois en renvoyant à ses réflexions devoir y joindre les miennes pour exposer les mêmes difficultés dans le jour qui convient à mon sujet. La première qui se présente est d'imaginer comment elles purent devenir nécessaires ; car les hommes n'ayant nulle correspondance entre eux, ni aucun besoin d'en avoir, on ne conçoit ni la nécessité de cette invention, ni sa possibilité, si elle ne fut pas indispensable. Je dirais bien, comme beaucoup d'autres, que les langues sont nées dans le commerce domestique des pères, des mères, et des enfants : mais outre que cela ne résoudrait point les objections, ce serait commettre la faute de ceux qui raisonnant sur l'état de nature, y transportent les idées prises dans la société, voient toujours la famille rassemblée dans une même habitation, et ses membres gardant entre eux une union aussi intime et aussi permanente que parmi

1. Philosophe français (1715-1780), auteur notamment d'un *Essai sur l'origine des connaissances humaines* (1749). Il y montre le rôle décisif du langage pour structurer la pensée. *Cf.* Thèmes et problématiques, p. 182.

nous, où tant d'intérêts communs les réunissent ; au lieu que dans cet état primitif, n'ayant ni maison, ni cabanes, ni propriété d'aucune espèce, chacun se logeait au hasard, et souvent pour une seule nuit ; les mâles, et les femelles s'unissaient fortuitement selon la rencontre, l'occasion, et le désir, sans que la parole fût un interprète fort nécessaire des choses qu'ils avaient à se dire : ils se quittaient avec la même facilité [11*] ; la mère allaitait d'abord ses enfants pour son propre besoin ; puis l'habitude les lui ayant rendus chers, elle les nourrissait ensuite pour le leur ; sitôt qu'ils avaient la force de chercher leur pâture, ils ne tardaient pas à quitter la mère elle-même ; et comme il n'y avait presque point d'autre moyen de se retrouver que de ne pas se perdre de vue, ils en étaient bientôt au point de pas même se reconnaître les uns les autres. Remarquez encore que l'enfant ayant tous ses besoins à expliquer, et par conséquent plus de choses à dire à la mère que la mère à l'enfant, c'est lui qui doit faire les plus grands frais de l'invention, et que la langue qu'il emploie doit être en grande partie son propre ouvrage ; ce qui multiplie autant les langues qu'il y a d'individus pour les parler, à quoi contribue encore la vie errante et vagabonde qui ne laisse à aucun idiome le temps de prendre de la consistance ; car de dire que la mère dicte à l'enfant les mots dont il devra se servir pour lui demander telle ou telle chose, cela montre bien comment on enseigne des langues déjà formées, mais cela n'apprend point comment elles se forment.

Supposons cette première difficulté vaincue : franchissons pour un moment l'espace immense qui dut se trouver entre le pur état de nature et le besoin des langues ; et cherchons, en les supposant nécessaires [12*], comment elles purent commencer à s'établir. Nouvelle difficulté pire encore que la précédente ; car si les hommes ont eu besoin de la parole pour apprendre à penser, ils ont eu bien plus besoin encore de savoir penser pour trouver l'art de la parole ; et quand on comprendrait comment les sons de la voix ont été pris pour les interprètes conventionnels de nos idées, il resterait toujours à savoir quels ont pu être les interprètes mêmes de cette convention pour les idées qui, n'ayant point un objet sensible, ne pouvaient s'indiquer ni par le geste, ni par la voix, de sorte qu'à peine peut-on former des conjectures supportables sur la naissance de cet art de communiquer ses pensées, et d'établir un commerce entre les esprits : art sublime qui est déjà si loin de son origine, mais que le philosophe voit encore à une si prodigieuse distance de sa perfection qu'il n'y a point d'homme assez hardi pour assurer qu'il y arriverait jamais, quand les révolutions que le temps amène nécessairement seraient suspendues en sa faveur, que les préjugés sortiraient des académies ou se tairaient devant elles, et qu'elles pourraient s'occuper de cet objet épineux, durant des siècles entiers sans interruption.

Le premier langage de l'homme, le langage le plus universel, le plus énergique, et le seul dont il eut besoin, avant qu'il fallût persuader des hommes assemblés, est le cri de la nature. Comme ce cri n'était arraché que par une sorte d'instinct dans les occasions pressantes, pour implorer du secours dans les grands dangers, ou du soulagement dans les maux violents, il n'était pas d'un grand usage dans le cours ordinaire de la vie, où règnent des sentiments plus modérés. Quand les idées des hommes commencèrent à s'étendre et à se multiplier, et qu'il s'établit entre eux une communication plus étroite, ils cherchèrent des signes plus nombreux et un langage plus étendu : ils multiplièrent des inflexions de la voix, et y joignirent les gestes, qui, par leur nature, sont plus expressifs, et dont le sens dépend moins d'une détermination antérieure. Ils exprimaient donc les objets visibles et mobiles par des gestes, et ceux qui frappent l'ouïe, par des sons imitatifs : mais comme le geste n'indique guère que les objets présents, ou faciles à décrire, et les actions visibles ; qu'il n'est pas d'un usage universel, puisque l'obscurité, ou l'interposition d'un corps le rendent inutile, et qu'il exige l'attention plutôt qu'il ne l'excite, on s'avisa enfin de lui substituer les articulations de la voix, qui, sans avoir le même rapport avec certaines idées, sont plus propres à les représenter toutes, comme signes institués ; substitution qui ne put se faire que d'un commun consentement, et d'une manière assez difficile à pratiquer pour des hommes dont les organes grossiers n'avaient encore aucun exercice, et plus difficile encore à concevoir en elle-même, puisque cet accord unanime dut être motivé, et que la parole paraît avoir été fort nécessaire, pour établir l'usage de la parole.

On doit juger que les premiers mots, dont les hommes firent usage, eurent dans leur esprit une signification beaucoup plus étendue que n'ont ceux qu'on emploie dans les langues déjà formées, et qu'ignorant la division du discours en ses parties constitutives, ils donnèrent d'abord à chaque mot le sens d'une proposition entière. Quand ils commencèrent à distinguer le sujet d'avec l'attribut, et le verbe d'avec le nom, ce qui ne fut pas un médiocre effort de génie, les substantifs ne furent d'abord qu'autant de noms propres, l'infinitif fut le seul temps des verbes, et à l'égard des adjectifs la notion ne s'en dut développer que fort difficilement, parce que tout adjectif est un mot abstrait, et que les abstractions sont des opérations pénibles, et peu naturelles.

Chaque objet reçut d'abord un nom particulier, sans égard aux genres, et aux espèces, que ces premiers instituteurs n'étaient pas en état de distinguer ; et tous les individus se présentèrent isolés à leur esprit, comme ils le sont dans le tableau de la nature. Si un chêne s'appelait A, un autre chêne s'appelait B : de sorte que plus les connaissances étaient bornées, et plus le dictionnaire devint étendu. L'embarras de toute cette nomenclature ne put être levé facilement : car pour ranger les êtres sous des dénominations communes, et génériques, il en fallait connaître les propriétés et les différences ; il fallait des observations, et des définitions, c'est-à-dire, de l'histoire naturelle et de la métaphysique, beaucoup plus que les hommes de ce temps-là n'en pouvaient avoir.

D'ailleurs, les idées générales ne peuvent s'introduire dans l'esprit qu'à l'aide des mots, et l'entendement ne les saisit que par des propositions. C'est une des raisons pour quoi les animaux ne sauraient se former de telles idées, ni jamais acquérir la perfectibilité qui en dépend. Quand un singe va sans hésiter d'une noix à l'autre, pense-t-on qu'il ait l'idée générale de cette sorte de fruit, et qu'il compare son archétype à ces deux individus ? Non sans doute ; mais la vue de l'une de ces noix rappelle à sa mémoire les sensations qu'il a reçues de l'autre, et ses yeux modifiés d'une certaine manière, annoncent à son goût la modification qu'il va recevoir. Toute idée générale est purement intellectuelle ; pour peu que l'imagination s'en mêle, l'idée devient aussitôt particulière. Essayez de vous tracer l'image d'un arbre en général, jamais vous n'en viendrez à bout, malgré vous il faudra le voir petit ou grand, rare ou touffu, clair ou foncé, et s'il dépendait de vous de n'y voir que ce qui se trouve en tout arbre, cette image ne ressemblerait plus à un arbre. Les êtres purement abstraits se voient de même, ou ne se conçoivent que par le discours. La définition seule du triangle vous en donne la véritable idée : sitôt que vous en figurez un dans votre esprit, c'est un tel triangle et non pas un autre, et vous ne pouvez éviter d'en rendre les lignes sensibles ou le plan coloré. Il faut donc énoncer des propositions, il faut donc parler pour avoir des idées générales ; car sitôt que l'imagination s'arrête, l'esprit ne marche plus qu'à l'aide du discours. Si donc les premiers inventeurs n'ont pu donner des noms qu'aux idées qu'ils avaient déjà, il s'ensuit que les premiers substantifs n'ont pu jamais être que des noms propres.

Mais lorsque, par des moyens que je ne conçois pas, nos nouveaux grammairiens commencèrent à étendre leurs idées et à généraliser leurs mots, l'ignorance des inventeurs dut assujettir cette méthode à des bornes fort étroites; et comme ils avaient d'abord trop multiplié les noms des individus faute de connaître les genres et les espèces, ils firent ensuite trop peu d'espèces et de genres faute d'avoir considéré les êtres par toutes leurs différences. Pour pousser les divisions assez loin, il eût fallu plus d'expérience et de lumière qu'ils n'en pouvaient avoir, et plus de recherches et de travail qu'ils n'y en voulaient employer. Or si, même aujourd'hui, l'on découvre chaque jour de nouvelles espèces qui avaient échappé jusqu'ici à toutes nos observations, qu'on pense combien il dut s'en dérober à des hommes qui ne jugeaient des choses que sur le premier aspect! Quant aux classes primitives et aux notions les plus générales, il est superflu d'ajouter qu'elles durent leur échapper encore: comment, par exemple, auraient-ils imaginé ou entendu les mots de matière, d'esprit, de substance, de mode, de figure, de mouvement, puisque nos philosophes qui s'en servent depuis si longtemps ont bien de la peine à les entendre eux-mêmes, et que les idées qu'on attache à ces mots étant purement métaphysiques, ils n'en trouvaient aucun modèle dans la nature?

Je m'arrête à ces premiers pas, et je supplie mes juges de suspendre ici leur lecture; pour considérer, sur l'invention des seuls substantifs physiques, c'est-à-dire, sur la partie de la langue la plus facile à trouver, le chemin qui lui reste à faire, pour exprimer toutes les pensées des hommes, pour prendre une forme constante, pouvoir être parlée en public, et influer sur la société. Je les supplie de réfléchir à ce qu'il a fallu de temps et de connaissances pour trouver les nombres [13*], les mots abstraits, les aoristes, et tous les temps des verbes, les particules, la syntaxe, lier les propositions, les raisonnements, et former toute la logique du discours. Quant à moi, effrayé des difficultés qui se multiplient, et convaincu de l'impossibilité presque démontrée que les langues aient pu naître et s'établir par des moyens purement humains, je laisse à qui voudra l'entreprendre la discussion de ce difficile problème, lequel a été le plus nécessaire, de la société déjà liée, à l'institution des langues, ou des langues déjà inventées, à l'établissement de la société.

Quoi qu'il en soit de ces origines, on voit du moins, au peu de soin qu'a pris la nature de rapprocher les hommes par des besoins mutuels, et de leur faciliter l'usage de la parole, combien elle a peu préparé leur sociabilité, et combien elle a peu mis du sien dans tout ce qu'ils ont fait, pour en établir les liens. En effet, il est impossible d'imaginer pourquoi, dans cet état primitif, un homme aurait plutôt besoin d'un autre homme qu'un singe ou un loup de son semblable, ni, ce besoin supposé, quel motif pourrait engager l'autre à y pourvoir, ni même, en ce dernier cas, comment ils pourraient convenir entre eux des conditions. Je sais qu'on nous répète sans cesse que rien n'eût été si misérable que l'homme dans cet état ; et s'il est vrai, comme je crois l'avoir prouvé, qu'il n'eût pu qu'après bien des siècles avoir le désir et l'occasion d'en sortir, ce serait un procès à faire à la nature, et non à celui qu'elle aurait ainsi constitué. Mais, si j'entends bien ce terme de *misérable*, c'est un mot qui n'a aucun sens, ou qui ne signifie qu'une privation douloureuse et la souffrance du corps ou de l'âme. Or je voudrais bien qu'on m'expliquât quel peut être le genre de misère d'un être libre dont le cœur est en paix et le corps en santé. Je demande laquelle, de la vie civile ou naturelle, est la plus sujette à devenir insupportable à ceux qui en jouissent ? Nous ne voyons presque autour de nous que des gens qui se plaignent de leur existence, plusieurs même qui s'en privent autant qu'il est en eux, et la réunion des lois divine et humaine suffit à peine pour arrêter ce désordre. Je demande si jamais on a ouï dire qu'un sauvage en liberté ait seulement songé à se plaindre de la vie et à se donner la mort ? Qu'on juge donc avec moins d'orgueil de quel côté est la véritable misère. Rien au contraire n'eût été si misérable que l'homme sauvage, ébloui par des lumières, tourmenté par des passions, et raisonnant sur un état différent du sien. Ce fut par une providence très sage, que les facultés qu'il avait en puissance ne devaient se développer qu'avec les occasions de les exercer, afin qu'elles ne lui fussent ni superflues et à charge avant le temps, ni tardives, et inutiles au besoin. Il avait dans le seul instinct tout ce qu'il fallait pour vivre dans l'état de nature, il n'a dans une raison cultivée que ce qu'il lui faut pour vivre en société.

Il paraît d'abord que les hommes dans cet état n'ayant entre eux aucune sorte de relation morale, ni de devoirs connus, ne pouvaient être ni bons ni méchants, et n'avaient ni vices ni vertus, à moins que, prenant ces mots dans un sens physique, on n'appelle vices dans l'individu les qualités qui peuvent nuire à sa propre conservation, et vertus celles qui peuvent y contribuer ; auquel cas, il faudrait appeler le plus vertueux celui qui résisterait le moins aux simples impulsions de la nature. Mais sans nous écarter du sens ordinaire, il est à propos de suspendre le jugement que nous pourrions porter sur une telle situation, et de nous défier de nos préjugés, jusqu'à ce que, la balance à la main, on ait examiné s'il y a plus de vertus que de vices parmi les hommes civilisés, ou si leurs vertus sont plus avantageuses que leurs vices ne sont funestes, ou si le progrès de leurs connaissances est un dédommagement suffisant des maux qu'ils se font mutuellement, à mesure qu'ils s'instruisent du bien qu'ils devraient se faire, ou s'ils ne seraient pas, à tout prendre, dans une situation plus heureuse de n'avoir ni mal à craindre ni bien à espérer de personne que de s'être soumis à une dépendance universelle, et de s'obliger à tout recevoir de ceux qui ne s'obligent à leur rien donner.

N'allons pas surtout conclure avec Hobbes[1] que pour n'avoir aucune idée de la bonté, l'homme soit naturellement méchant,

1. *Cf.* Thèmes et problématiques, p. 185.

qu'il soit vicieux parce qu'il ne connaît pas la vertu, qu'il refuse toujours à ses semblables des services qu'il ne croit pas leur devoir, ni qu'en vertu du droit qu'il s'attribue avec raison aux choses dont il a besoin, il s'imagine follement être le seul propriétaire de tout l'univers. Hobbes a très bien vu le défaut de toutes les définitions modernes du droit naturel : mais les conséquences qu'il tire de la sienne montrent qu'il la prend dans un sens qui n'est pas moins faux. En raisonnant sur les principes qu'il établit, cet auteur devait dire que l'état de nature étant celui où le soin de notre conservation est le moins préjudiciable à celle d'autrui, cet état était par conséquent le plus propre à la paix, et le plus convenable au genre humain. Il dit précisément le contraire, pour avoir fait entrer mal à propos dans le soin de la conservation de l'homme sauvage le besoin de satisfaire une multitude de passions qui sont l'ouvrage de la société, et qui ont rendu les lois nécessaires. Le méchant, dit-il, est un enfant robuste ; il reste à savoir si l'homme sauvage est un enfant robuste. Quand on le lui accorderait, qu'en conclurait-il ? Que si, quand il est robuste, cet homme était aussi dépendant des autres que quand il est faible, il n'y a sorte d'excès auxquels il ne se portât, qu'il ne battît sa mère lorsqu'elle tarderait trop à lui donner la mamelle, qu'il n'étranglât un de ses jeunes frères lors qu'il en serait incommodé, qu'il ne mordît la jambe à l'autre lorsqu'il en serait heurté ou troublé ; mais ce sont deux suppositions contradictoires dans l'état de nature qu'être robuste et dépendant ; l'homme est faible quand il est dépendant, et il est émancipé avant que d'être robuste. Hobbes n'a pas vu que la même cause qui empêche les sauvages d'user de leur raison, comme le prétendent nos jurisconsultes, les empêche en même temps d'abuser de leurs facultés, comme il le prétend lui-même ; de sorte qu'on pourrait dire que les sauvages ne sont pas méchants précisément, parce qu'ils ne savent pas ce que c'est qu'être bons ; car ce n'est ni le développement des lumières, ni le frein de la loi, mais le calme des passions, et l'ignorance du vice qui les empêche de mal faire ; *tanto plus in illis proficit vitiorum ignoratio, quam in his cognitio virtutis*[1]. Il y a d'ailleurs un autre principe que Hobbes n'a point aperçu et qui, ayant été donné à l'homme pour adoucir, en certaines circonstances, la férocité de son amour-propre, ou le désir de se conserver avant la naissance de cet amour[14*], tempère l'ardeur qu'il a pour son bien-être par une répugnance innée à voir souffrir son semblable. Je ne crois pas avoir aucune contradiction à craindre, en accordant à l'homme la seule vertu naturelle, qu'ait été forcé de reconnaître le détracteur le plus outré des vertus humaines. Je parle de la pitié, disposition convenable à des êtres aussi faibles, et sujets à autant de maux que nous le sommes, vertu d'autant plus universelle et d'autant plus utile à l'homme qu'elle précède en lui l'usage de toute réflexion, et si naturelle que les bêtes mêmes en donnent quelquefois des signes sensibles. Sans parler de la tendresse des mères pour leurs petits, et des périls qu'elles bravent pour les en garantir, on observe tous les jours la répugnance qu'ont les chevaux à fouler aux pieds un corps vivant ; un animal ne passe point sans inquiétude auprès d'un animal mort de son espèce ; il y en a même qui leur donnent une sorte de sépulture ; et les tristes mugissements du bétail entrant dans une boucherie annoncent l'impression qu'il reçoit de l'horrible spectacle qui le frappe. On voit avec plaisir l'auteur[2] de la fable des *Abeilles*, forcé de reconnaître l'homme pour un être compatissant et sensible, sortir, dans l'exemple qu'il en donne, de son style froid et subtil, pour nous offrir la pathétique image d'un homme enfermé qui aperçoit au-dehors une bête féroce

1. « Chez eux, l'ignorance des vices est plus efficace que ne l'est chez les autres la connaissance de la vertu. » \ **2.** Bernard de Mandeville (1670-1733), célèbre fabuliste de langue anglaise. Dans *La Fable des Abeilles*, ou *Vices privés, vertus collectives* (1714), il montre qu'une société court au désastre si l'on supprime les vices de ses membres. D'après lui, la morale repose sur l'intérêt et non sur la bienveillance.

arrachant un enfant du sein de sa mère, brisant sous sa dent meurtrière les faibles membres, et déchirant de ses ongles les entrailles palpitantes de cet enfant. Quelle affreuse agitation n'éprouve point ce témoin d'un événement auquel il ne prend aucun intérêt personnel ? Quelles angoisses ne souffre-t-il pas à cette vue, de ne pouvoir porter aucun secours à la mère évanouie, ni à l'enfant expirant ?

Tel est le pur mouvement de la nature, antérieur à toute réflexion : telle est la force de la pitié naturelle, que les mœurs les plus dépravées ont encore peine à détruire, puisqu'on voit tous les jours dans nos spectacles s'attendrir et pleurer aux malheurs d'un infortuné tel, qui, s'il était à la place du tyran, aggraverait encore les tourments de son ennemi. Mandeville a bien senti qu'avec toute leur morale les hommes n'eussent jamais été que des monstres, si la nature ne leur eût donné la pitié à l'appui de la raison : mais il n'a pas vu que de cette seule qualité découlent toutes les vertus sociales qu'il veut disputer aux hommes. En effet, qu'est-ce que la générosité, la clémence, l'humanité, sinon la pitié appliquée aux faibles, aux coupables, ou à l'espèce humaine en général ? La bienveillance et l'amitié même sont, à le bien prendre, des productions d'une pitié constante, fixée sur un objet particulier : car désirer que quelqu'un ne souffre point, qu'est-ce autre chose que désirer qu'il soit heureux ? Quand il serait vrai que la commisération ne serait qu'un sentiment qui nous met à la place de celui qui souffre, sentiment obscur et vif dans l'homme sauvage, développé, mais faible dans l'homme civil, qu'importerait cette idée à la vérité de ce que je dis, sinon de lui donner plus de force ? En effet, la commisération sera d'autant plus énergique que l'animal spectateur s'identifiera plus intimement avec l'animal souffrant. Or il est évident que cette identification a dû être infiniment plus étroite dans l'état de nature que dans l'état de raisonnement. C'est la raison qui engendre l'amour-propre, et c'est la réflexion qui le fortifie ; c'est elle qui replie l'homme sur lui-même ; c'est elle qui le sépare de tout ce qui le gêne et l'afflige : c'est la philosophie qui l'isole ; c'est par elle qu'il dit en secret, à l'aspect d'un homme souffrant : péris si tu veux, je suis en sûreté. Il n'y a plus que les dangers de la société entière qui troublent le sommeil tranquille du philosophe, et qui l'arrachent de son lit. On peut impunément égorger son semblable sous sa fenêtre ; il n'a qu'à mettre ses mains sur ses oreilles et s'argumenter un peu pour empêcher la nature qui se révolte en lui de l'identifier avec celui qu'on assassine. L'homme sauvage n'a point cet admirable talent ; et faute de sagesse et de raison, on le voit toujours se livrer étourdiment au premier sentiment de l'humanité. Dans les émeutes, dans les querelles des rues, la populace s'assemble, l'homme prudent s'éloigne : c'est la canaille, ce sont les femmes des halles, qui séparent les combattants, et qui empêchent les honnêtes gens de s'entr'égorger.

Il est donc certain que la pitié est un sentiment naturel, qui, modérant dans chaque individu l'activité de l'amour de soi-même, concourt à la conservation mutuelle de toute l'espèce. C'est elle qui nous porte sans réflexion au secours de ceux que nous voyons souffrir : c'est elle qui, dans l'état de nature, tient lieu de lois, de mœurs, et de vertu, avec cet avantage que nul n'est tenté de désobéir à sa douce voix : c'est elle qui détournera tout sauvage robuste d'enlever à un faible enfant, ou à un vieillard infirme, sa subsistance acquise avec peine, si lui-même espère pouvoir trouver la sienne ailleurs ; c'est elle qui, au lieu de cette maxime sublime de justice raisonnée : *Fais à autrui comme tu veux qu'on te fasse*, inspire à tous les hommes cette autre maxime de bonté naturelle bien moins parfaite, mais plus utile peut-être que la précédente : *Fais ton bien avec le moindre mal d'autrui qu'il est possible.* C'est, en un mot, dans ce sentiment naturel, plutôt que dans des arguments subtils, qu'il faut chercher la cause de la répugnance que tout homme éprouverait à mal faire, même indépendamment des maximes de l'éducation. Quoiqu'il puisse appartenir à Socrate, et aux esprits de sa trempe, d'acquérir de la vertu par raison, il y a longtemps que le genre humain ne serait plus, si sa conservation n'eût dépendu que des raisonnements de ceux qui le composent.

Avec des passions si peu actives, et un frein si salutaire, les hommes plutôt farouches que méchants, et plus attentifs à se garantir du mal qu'ils pouvaient recevoir que tentés d'en faire à autrui, n'étaient pas sujets à des démêlés fort dangereux : comme ils n'avaient entre eux aucune espèce de commerce, qu'ils ne connaissaient par conséquent ni la vanité, ni la considération, ni l'estime, ni le mépris, qu'ils n'avaient pas la moindre notion du tien et du mien, ni aucune véritable idée de la justice, qu'ils regardaient les violences qu'ils pouvaient essuyer comme un mal facile à réparer, et non comme une injure qu'il faut punir, et qu'ils ne songeaient pas même à la vengeance si ce n'est peut-être machinalement et sur-le-champ, comme le chien qui mord la pierre qu'on lui jette, leurs disputes eussent eu rarement des suites sanglantes, si elles n'eussent point eu de sujet plus sensible que la pâture : mais j'en vois un plus dangereux, dont il me reste à parler.

Parmi les passions qui agitent le cœur de l'homme, il en est une ardente, impétueuse, qui rend un sexe nécessaire à l'autre, passion terrible qui brave tous les dangers, renverse tous les obstacles, et qui dans ses fureurs semble propre à détruire le genre humain qu'elle est destinée à conserver. Que deviendront les hommes en proie à cette rage effrénée et brutale, sans pudeur, sans retenue, et se disputant chaque jour leurs amours au prix de leur sang ?

Il faut convenir d'abord que plus les passions sont violentes, plus les lois sont nécessaires pour les contenir : mais outre que les désordres et les crimes que celles-ci causent tous les jours parmi nous montrent assez l'insuffisance des lois à cet égard, il serait encore bon d'examiner si ces désordres ne sont point nés avec les lois mêmes : car alors, quand elles seraient capables de les réprimer, ce serait bien le moins qu'on en dût exiger que d'arrêter un mal qui n'existerait point sans elles.

Commençons par distinguer le moral du physique dans le sentiment de l'amour. Le physique[1] est ce désir général qui porte un sexe à s'unir à l'autre ; le moral[2] est ce qui détermine ce désir et le fixe sur un seul objet exclusivement, ou qui du moins lui donne pour cet objet préféré un plus grand degré d'énergie. Or, il est facile de voir que le moral de l'amour est un sentiment factice, né de l'usage de la société, et célébré par les femmes avec beaucoup d'habileté et de soin pour établir leur empire, et rendre dominant le sexe qui devrait obéir. Ce sentiment étant fondé sur certaines notions du mérite ou de la beauté qu'un sauvage n'est point en état d'avoir, et sur des comparaisons qu'il n'est point en état de faire, doit être presque nul pour lui. Car comme son esprit n'a pu se former des idées abstraites de régularité et de proportion, son cœur n'est point non plus susceptible des sentiments d'admiration et d'amour qui, même sans qu'on s'en aperçoive, naissent de l'application de ces idées ; il écoute uniquement le tempérament qu'il a reçu de la nature, et non le goût qu'il n'a pu acquérir, et toute femme est bonne pour lui.

Bornés au seul physique de l'amour, et assez heureux pour ignorer ces préférences qui en irritent le sentiment et en augmentent les difficultés, les hommes doivent sentir moins fréquemment et moins vivement les ardeurs du tempérament et par conséquent avoir entre eux des disputes plus rares, et moins cruelles. L'imagination, qui fait tant de ravages parmi nous, ne parle point à des cœurs sauvages ; chacun attend paisiblement

1. L'aspect physique. \ 2. L'aspect moral.

l'impulsion de la nature, s'y livre sans choix, avec plus de plaisir que de fureur, et le besoin satisfait, tout le désir est éteint.

C'est donc une chose incontestable que l'amour même, ainsi que toutes les autres passions, n'a acquis que dans la société cette ardeur impétueuse qui le rend si souvent funeste aux hommes, et il est d'autant plus ridicule de représenter les sauvages comme s'entr'égorgeant sans cesse pour assouvir leur brutalité, que cette opinion est directement contraire à l'expérience, et que les Caraïbes, celui de tous les peuples existants qui jusqu'ici s'est écarté le moins de l'état de nature, sont précisément les plus paisibles dans leurs amours, et les moins sujets à la jalousie, quoique vivant sous un climat brûlant qui semble toujours donner à ces passions une plus grande activité.

À l'égard des inductions qu'on pourrait tirer dans plusieurs espèces d'animaux, des combats des mâles qui ensanglantent en tout temps nos basses-cours ou qui font retentir au printemps nos forêts de leurs cris en se disputant la femelle, il faut commencer par exclure toutes les espèces où la nature a manifestement établi dans la puissance relative des sexes d'autres rapports que parmi nous : ainsi les combats des coqs ne forment point une induction[1] pour l'espèce humaine. Dans les espèces où la proportion est mieux observée, ces combats ne peuvent avoir pour causes que la rareté des femelles eu égard au nombre des mâles, ou les intervalles exclusifs durant lesquels la femelle refuse constamment l'approche du mâle, ce qui revient à la première cause ; car si chaque femelle ne souffre[2] le mâle que durant deux mois de l'année, c'est à cet égard comme si le nombre des femelles était moindre des cinq sixièmes. Or aucun de ces deux cas n'est applicable à l'espèce humaine où le nombre des femelles surpasse généralement celui des mâles, et où l'on

1. Une base suffisante pour généraliser. \ **2.** Ne tolère.

n'a jamais observé que même parmi les sauvages les femelles aient, comme celles des autres espèces, des temps de chaleur et d'exclusion. De plus parmi plusieurs de ces animaux, toute l'espèce entrant à la fois en effervescence, il vient un moment terrible d'ardeur commune, de tumulte, de désordre, et de combat : moment qui n'a point lieu parmi l'espèce humaine où l'amour n'est jamais périodique. On ne peut donc pas conclure des combats de certains animaux pour la possession des femelles que la même chose arriverait à l'homme dans l'état de nature ; et quand même on pourrait tirer cette conclusion, comme ces dissensions[1] ne détruisent point les autres espèces, on doit penser au moins qu'elles ne seraient pas plus funestes à la nôtre, et il est très apparent qu'elles y causeraient encore moins de ravage qu'elles ne font dans la société, surtout dans les pays où les mœurs étant encore comptées pour quelque chose, la jalousie des amants et la vengeance des époux causent chaque jour des duels, des meurtres, et pis encore ; où le devoir d'une éternelle fidélité ne sert qu'à faire des adultères, et où les lois mêmes de la continence et de l'honneur étendent nécessairement la débauche, et multiplient les avortements.

Concluons qu'errant dans les forêts sans industrie, sans parole, sans domicile, sans guerre, et sans liaisons, sans nul besoin de ses semblables, comme sans nul désir de leur nuire, peut-être même sans jamais en reconnaître aucun individuellement, l'homme sauvage sujet à peu de passions, et se suffisant à lui-même, n'avait que les sentiments et les lumières propres à cet état, qu'il ne sentait que ses vrais besoins, ne regardait que ce qu'il croyait avoir intérêt de voir, et que son intelligence ne faisait pas plus de progrès que sa vanité. Si par hasard il faisait quelques découvertes, il pouvait d'autant moins la communiquer qu'il ne recon-

1. Disputes.

naissait pas même ses enfants. L'art périssait avec l'inventeur ; il n'y avait ni éducation ni progrès, les générations se multipliaient inutilement ; et chacune partant toujours du même point, les siècles s'écoulaient dans toute la grossièreté des premiers âges, l'espèce était déjà vieille, et l'homme restait toujours enfant.

Si je me suis étendu si longtemps sur la supposition de cette condition primitive, c'est qu'ayant d'anciennes erreurs et des préjugés invétérés à détruire, j'ai cru devoir creuser jusqu'à la racine, et montrer dans le tableau du véritable état de nature combien l'inégalité, même naturelle, est loin d'avoir dans cet état autant de réalité et d'influence que le prétendent nos écrivains.

En effet, il est aisé de voir qu'entre les différences qui distinguent les hommes, plusieurs passent pour naturelles, qui sont uniquement l'ouvrage de l'habitude et des divers genres de vie que les hommes adoptent dans la société. Ainsi, un tempérament robuste ou délicat, la force ou la faiblesse qui en dépendent, viennent souvent plus de la manière dure ou efféminée dont on a été élevé que de la constitution primitive des corps. Il en est de même des forces de l'esprit, et non seulement l'éducation met de la différence[1] entre les esprits cultivés et ceux qui ne le sont pas, mais elle augmente celle qui se trouve entre les premiers à proportion de la culture ; car qu'un géant et un nain marchent sur la même route, chaque pas qu'ils feront l'un et l'autre donnera un nouvel avantage au géant. Or si l'on compare la diversité prodigieuse d'éducations et de genres de vie qui règne dans les différents ordres de l'état civil avec la simplicité et l'uniformité de la vie animale et sauvage, où tous se nourrissent des mêmes aliments, vivent de la même manière, et font exactement les mêmes choses, on comprendra combien la différence d'homme à homme doit être moindre dans l'état

1. Établit une distance, creuse un fossé.

de nature que dans celui de société, et combien l'inégalité naturelle doit augmenter dans l'espèce humaine par l'inégalité d'institution.

Mais quand la nature affecterait dans la distribution de ses dons autant de préférences qu'on le prétend, quel avantage les plus favorisés en tireraient-ils, au préjudice des autres, dans un état de choses qui n'admettrait presque aucune sorte de relation entre eux ? Là où il n'y a point d'amour, de quoi servira la beauté ? Que sert l'esprit à des gens qui ne parlent point, et la ruse à ceux qui n'ont point d'affaires ? J'entends toujours répéter que les plus forts opprimeront les faibles ; mais qu'on m'explique ce qu'on veut dire par ce mot d'oppression. Les uns domineront avec violence, les autres gémiront asservis à tous leurs caprices : voilà précisément ce que j'observe parmi nous, mais je ne vois pas comment cela pourrait se dire des hommes sauvages, à qui l'on aurait même bien de la peine à faire entendre ce que c'est que servitude et domination. Un homme pourra bien s'emparer des fruits qu'un autre a cueillis, du gibier qu'il a tué, de l'antre qui lui servait d'asile ; mais comment viendra-t-il jamais à bout de s'en faire obéir, et quelles pourront être les chaînes de la dépendance parmi des hommes qui ne possèdent rien ? Si l'on me chasse d'un arbre, j'en suis quitte pour aller à un autre ; si l'on me tourmente dans un lieu, qui m'empêchera de passer ailleurs ? Se trouve-t-il un homme d'une force assez supérieure à la mienne, et, de plus, assez dépravé, assez paresseux, et assez féroce pour me contraindre à pourvoir à sa subsistance pendant qu'il demeure oisif ? Il faut qu'il se résolve à ne pas me perdre de vue un seul instant, à me tenir lié avec un très grand soin durant son sommeil, de peur que je ne m'échappe ou que je ne le tue : c'est-à-dire qu'il est obligé de s'exposer volontairement à une peine beaucoup plus grande que celle qu'il veut éviter, et que celle qu'il me donne à moi-même. Après tout cela, sa vigilance se relâche-t-elle un moment ? Un bruit imprévu lui fait-il détourner la tête ? Je fais vingt pas dans la forêt, mes fers sont brisés, et il ne me revoit de sa vie.

Sans prolonger inutilement ces détails, chacun doit voir que, les liens de la servitude n'étant formés que de la dépendance mutuelle des hommes et des besoins réciproques qui les unissent, il est impossible d'asservir un homme sans l'avoir mis auparavant dans le cas de ne pouvoir se passer d'un autre ; situation qui n'existant pas dans l'état de nature, y laisse chacun libre du joug et rend vaine la loi du plus fort.

Après avoir prouvé que l'inégalité est à peine sensible dans l'état de nature, et que son influence y est presque nulle, il me reste à montrer son origine, et ses progrès dans les développements successifs de l'esprit humain. Après avoir montré que la *perfectibilité*, les vertus sociales et les autres facultés que l'homme naturel avait reçues en puissance ne pouvaient jamais se développer d'elles-mêmes, qu'elles avaient besoin pour cela du concours fortuit de plusieurs causes étrangères qui pouvaient ne jamais naître, et sans lesquelles il fut demeuré éternellement dans sa condition primitive ; il me reste à considérer et à rapprocher les différents hasards qui ont pu perfectionner la raison humaine, en détériorant l'espèce, rendre un être méchant en le rendant sociable, et d'un terme si éloigné amener enfin l'homme et le monde au point où nous les voyons.

J'avoue que les événements que j'ai à décrire ayant pu arriver de plusieurs manières, je ne puis me déterminer sur le choix que par des conjectures ; mais outre que ces conjectures deviennent des raisons, quand elles sont les plus probables qu'on puisse tirer de la nature des choses et les seuls moyens qu'on puisse avoir de découvrir la vérité, les conséquences que je veux déduire des miennes ne seront point pour cela conjecturales [1],

1. Hasardeuses, ou même arbitraires.

puisque, sur les principes que je viens d'établir, on ne saurait former aucun autre système qui ne me fournisse les mêmes résultats, et dont je ne puisse tirer les mêmes conclusions.

Ceci me dispensera d'étendre mes réflexions sur la manière dont le laps de temps compense le peu de vraisemblance des événements : sur la puissance surprenante des causes très légères lorsqu'elles agissent sans relâche ; sur l'impossibilité où l'on est d'un côté de détruire certaines hypothèses, si de l'autre on se trouve hors d'état de leur donner le degré de certitude des faits ; sur ce que deux faits étant donnés comme réels à lier par une suite de faits intermédiaires, inconnus ou regardés comme tels, c'est à l'histoire, quand on l'a, de donner les faits qui les lient ; c'est à la philosophie, à son défaut, de déterminer les faits semblables qui peuvent les lier ; enfin sur ce qu'en matière d'événements la similitude réduit les faits à un beaucoup plus petit nombre de classes [1] différentes qu'on ne se l'imagine. Il me suffit d'offrir ces objets à la considération de mes juges : il me suffit d'avoir fait en sorte que les lecteurs vulgaires n'eussent pas besoin de les considérer.

1. Catégories.

SECONDE PARTIE

Le premier qui, ayant enclos un terrain, s'avisa de dire : *Ceci est à moi*, et trouva des gens assez simples pour le croire, fut le vrai fondateur de la société civile. Que de crimes, de guerres, de meurtres, que de misères et d'horreurs n'eut point épargnés au genre humain celui qui, arrachant les pieux ou comblant un fossé, eût crié à ses semblables : Gardez-vous d'écouter cet imposteur ; vous êtes perdus, si vous oubliez que les fruits sont à tous, et que la terre n'est à personne. Mais il y a grande apparence, qu'alors les choses en étaient déjà venues au point de ne pouvoir plus durer comme elles étaient ; car cette idée de propriété, dépendant de beaucoup d'idées antérieures qui n'ont pu naître que successivement, ne se forma pas tout d'un coup dans l'esprit humain. Il fallut faire bien des progrès, acquérir bien de l'industrie et des lumières, les transmettre et les augmenter d'âge en âge, avant que d'arriver à ce dernier terme de l'état de nature. Reprenons donc les choses de plus haut et tâchons de rassembler sous un seul point de vue cette lente succession d'événements et de connaissances, dans leur ordre le plus naturel.

Le premier sentiment de l'homme fut celui de son existence, son premier soin celui de sa conservation. Les productions de la terre lui fournissaient tous les secours nécessaires, l'instinct le porta à en faire usage. La faim, d'autres appétits lui faisant éprouver tour à tour diverses manières d'exister, il y en eut une qui l'invita à perpétuer son espèce ; et ce penchant aveugle, dépourvu de tout sentiment du cœur, ne produisait qu'un acte purement animal. Le besoin satisfait, les deux sexes ne se reconnaissaient plus, et l'enfant même n'était plus rien à la mère sitôt qu'il pouvait se passer d'elle.

Telle fut la condition de l'homme naissant ; telle fut la vie d'un animal borné d'abord aux pures sensations, et profitant à peine des dons que lui offrait la nature, loin de songer à lui rien arracher ; mais il se présenta bientôt des difficultés, il fallut apprendre à les vaincre : la hauteur des arbres qui l'empêchait d'atteindre à leurs fruits, la concurrence des animaux qui cherchaient à s'en nourrir, la férocité de ceux qui en voulaient à sa propre vie, tout l'obligea de s'appliquer aux exercices du corps ; il fallut se rendre agile, vite à la course, vigoureux au combat. Les armes naturelles qui sont les branches d'arbre et les pierres, se trouvèrent bientôt sous sa main. Il apprit à surmonter les obstacles de la nature, à combattre au besoin les autres animaux, à disputer sa subsistance aux hommes mêmes, ou à se dédommager de ce qu'il fallait céder au plus fort.

À mesure que le genre humain s'étendit, les peines se multiplièrent avec les hommes. La différence des terrains, des climats, des saisons, put les forcer à en mettre dans leurs manières de vivre. Des années stériles, des hivers longs et rudes, des étés brûlants qui consument tout, exigèrent d'eux une nouvelle industrie. Le long de la mer, et des rivières, ils inventèrent la ligne et l'hameçon, et devinrent pêcheurs et ichtyophages [1]. Dans les forêts ils se firent des arcs et des flèches, et devinrent chasseurs et guerriers. Dans les pays froids, ils se couvrirent des peaux des bêtes qu'ils avaient tuées. Le tonnerre, un volcan,

1. Qui se nourrit de poissons.

ou quelque heureux hasard, leur fit connaître le feu, nouvelle ressource contre la rigueur de l'hiver : ils apprirent à conserver cet élément, puis à le reproduire, et enfin à préparer les viandes qu'auparavant ils dévoraient crues.

Cette application réitérée des êtres divers à lui-même, et les uns aux autres[1], dut naturellement engendrer dans l'esprit de l'homme les perceptions de certains rapports. Ces relations que nous exprimons par les mots de grand, de petit, de fort, de faible, de vite, de lent, de peureux, de hardi, et d'autres idées pareilles, comparées au besoin, et presque sans y songer, produisirent enfin chez lui quelque sorte de réflexion, ou plutôt une prudence machinale qui lui indiquait les précautions les plus nécessaires à sa sûreté.

Les nouvelles lumières qui résultèrent de ce développement augmentèrent sa supériorité sur les autres animaux, en la lui faisant connaître. Il s'exerça à leur dresser des pièges, il leur donna le change en mille manières, et quoique plusieurs le surpassassent en force au combat, ou en vitesse à la course, de ceux qui pouvaient lui servir ou lui nuire, il devint avec le temps le maître des uns, et le fléau des autres. C'est ainsi que le premier regard qu'il porta sur lui-même y produisit le premier mouvement d'orgueil ; c'est ainsi que sachant encore à peine distinguer les rangs, et se contemplant au premier par son espèce, il se préparait de loin à y prétendre par son individu.

Quoique ses semblables ne fussent pas pour lui ce qu'ils sont pour nous, et qu'il n'eût guère plus de commerce avec eux qu'avec les autres animaux, ils ne furent pas oubliés dans ses observations. Les conformités que le temps put lui faire apercevoir entre eux, sa femelle et lui-même, le firent juger de celles qu'il n'apercevait pas, et voyant qu'ils se conduisaient tous,

1. Autrement dit : la multiplication des expériences que firent les hommes à cette époque.

comme il aurait fait en de pareilles circonstances, il conclut que leur manière de penser et de sentir était entièrement conforme à la sienne, et cette importante vérité, bien établie dans son esprit, lui fit suivre par un pressentiment aussi sûr et plus prompt que la dialectique, les meilleures règles de conduite que pour son avantage et sa sûreté il lui convînt de garder avec eux.

Instruit par l'expérience que l'amour du bien-être est le seul mobile des actions humaines, il se trouva en état de distinguer les occasions rares où l'intérêt commun devait le faire compter sur l'assistance de ses semblables, et celles plus rares encore où la concurrence devait le faire défier d'eux. Dans le premier cas, il s'unissait avec eux en troupeau, ou tout au plus par quelque sorte d'association libre qui n'obligeait personne, et qui ne durait qu'autant que le besoin passager qui l'avait formée. Dans le second chacun cherchait à prendre ses avantages, soit à force ouverte s'il croyait le pouvoir, soit par adresse et subtilité s'il se sentait le plus faible.

Voilà comment les hommes purent insensiblement acquérir quelque idée grossière des engagements mutuels, et de l'avantage de les remplir, mais seulement autant que pouvait l'exiger l'intérêt présent et sensible ; car la prévoyance n'était rien pour eux, et loin de s'occuper d'un avenir éloigné, ils ne songeaient pas même au lendemain. S'agissait-il de prendre un cerf, chacun sentait bien qu'il devait pour cela garder fidèlement son poste ; mais si un lièvre venait à passer à la portée de l'un d'eux, il ne faut pas douter qu'il ne le poursuivît sans scrupule, et qu'ayant atteint sa proie il ne se souciât fort peu de faire manquer la leur à ses compagnons.

Il est aisé de comprendre qu'un pareil commerce n'exigeait pas un langage beaucoup plus raffiné que celui des corneilles ou des singes, qui s'attroupent à peu près de même. Des cris inarticulés, beaucoup de gestes et quelques bruits imitatifs durent composer pendant longtemps la langue universelle, à quoi joignant dans chaque contrée quelques sons articulés et conventionnels dont, comme je l'ai déjà dit, il n'est pas trop facile d'expliquer l'institution, on eut des langues particulières, mais grossières, imparfaites, et telles à peu près qu'en ont encore aujourd'hui diverses nations sauvages. Je parcours comme un trait des multitudes de siècles, forcé par le temps qui s'écoule, par l'abondance des choses que j'ai à dire, et par le progrès presque insensible des commencements ; car plus les événements étaient lents à se succéder, plus ils sont prompts à décrire.

Ces premiers progrès mirent enfin l'homme à portée d'en faire de plus rapides. Plus l'esprit s'éclairait, et plus l'industrie se perfectionna. Bientôt cessant de s'endormir sous le premier arbre, ou de se retirer dans des cavernes, on trouva quelques sortes de haches de pierres dures et tranchantes, qui servirent à couper du bois, creuser la terre et faire des huttes de branchages, qu'on s'avisa ensuite d'enduire d'argile et de boue. Ce fut là l'époque d'une première révolution qui forma l'établissement et la distinction des familles, et qui introduisit une sorte de propriété ; d'où peut-être naquirent déjà bien des querelles et des combats. Cependant comme les plus forts furent vraisemblablement les premiers à se faire des logements qu'ils se sentaient capables de défendre, il est à croire que les faibles trouvèrent plus court et plus sûr de les imiter que de tenter de les déloger ; et quant à ceux qui avaient déjà des cabanes, chacun dut peu chercher à s'approprier celle de son voisin, moins parce qu'elle ne lui appartenait pas que parce qu'elle lui était inutile et qu'il ne pouvait s'en emparer, sans s'exposer à un combat très vif avec la famille qui l'occupait.

Les premiers développements du cœur furent l'effet d'une situation nouvelle qui réunissait dans une habitation commune les maris et les femmes, les pères et les enfants ; l'habitude de vivre ensemble fit naître les plus doux sentiments qui soient connus des hommes, l'amour conjugal, et l'amour paternel. Chaque famille devint une petite société d'autant mieux unie que l'attachement réciproque et la liberté en étaient les seuls liens ; et ce fut alors que s'établit la première différence dans la manière de vivre des deux sexes, qui jusqu'ici n'en avaient eu qu'une. Les femmes devinrent plus sédentaires et s'accoutumèrent à garder la cabane et les enfants, tandis que l'homme allait chercher la subsistance commune. Les deux sexes commencèrent aussi par une vie un peu plus molle à perdre quelque chose de leur férocité et de leur vigueur : mais si chacun séparément devint moins propre à combattre les bêtes sauvages, en revanche il fut plus aisé de s'assembler pour leur résister en commun.

Dans ce nouvel état, avec une vie simple et solitaire, des besoins très bornés, et les instruments qu'ils avaient inventés pour y pourvoir, les hommes jouissant d'un fort grand loisir l'employèrent à se procurer plusieurs sortes de commodités inconnues à leurs pères : et ce fut là le premier joug qu'ils s'imposèrent sans y songer, et la première source de maux qu'ils préparèrent à leurs descendants ; car outre qu'ils continuèrent ainsi à s'amollir le corps et l'esprit, ces commodités ayant par l'habitude perdu presque tout leur agrément, et étant en même temps dégénérées en de vrais besoins, la privation en devint beaucoup plus cruelle que la possession n'en était douce, et l'on était malheureux de les perdre, sans être heureux de les posséder.

On entrevoit un peu mieux ici comment l'usage de la parole s'établit ou se perfectionne insensiblement dans le sein de chaque famille, et l'on peut conjecturer encore comment diverses causes particulières purent étendre le langage, et en accélérer le progrès en le rendant plus nécessaire. De grandes inondations ou des tremblements de terre environnèrent d'eaux ou de précipices des cantons habités ; des révolutions du globe détachèrent et coupèrent en îles des portions du continent. On conçoit qu'entre les hommes ainsi rapprochés et forcés de vivre ensemble, il dut se former un idiome commun plutôt qu'entre ceux qui erraient librement dans les forêts de la terre ferme. Ainsi, il est très possible qu'après leurs premiers essais de navigation, des insulaires aient porté parmi nous l'usage de la parole ; et il est au moins très vraisemblable que la société et les langues ont pris naissance dans les îles et s'y sont perfectionnées avant que d'être connues dans le continent.

Tout commence à changer de face. Les hommes errant jusqu'ici dans les bois, ayant pris une assiette plus fixe, se rapprochent lentement, se réunissent en diverses troupes, et forment enfin dans chaque contrée une nation particulière, unie de mœurs et de caractères, non par des règlements et des lois, mais par le même genre de vie et d'aliments, et par l'influence commune du climat. Un voisinage permanent ne peut manquer d'engendrer enfin quelque liaison entre diverses familles. De jeunes gens de différents sexes habitent des cabanes voisines, le commerce passager que demande la nature en amène bientôt un autre non moins doux et plus permanent par la fréquentation mutuelle. On s'accoutume à considérer différents objets et à faire des comparaisons ; on acquiert insensiblement des idées de mérite et de beauté qui produisent des sentiments de préférence. À force de se voir, on ne peut plus se passer de se voir encore. Un sentiment tendre et doux s'insinue dans l'âme, et par la moindre opposition devient une fureur impétueuse : la jalousie s'éveille avec l'amour ; la discorde triomphe et la plus douce des passions reçoit des sacrifices de sang humain.

À mesure que les idées et les sentiments se succèdent, que l'esprit et le cœur s'exercent, le genre humain continue à s'apprivoiser, les liaisons s'étendent et les liens se resserrent. On s'accoutuma à s'assembler devant les cabanes ou autour d'un grand arbre : le chant et la danse, vrais enfants de l'amour et du loisir, devinrent l'amusement ou plutôt l'occupation des hommes et des femmes oisifs et attroupés. Chacun commença à vouloir être regardé soi-même, et l'estime publique eut un prix. Celui qui chantait ou dansait le mieux ; le plus beau, le plus fort, le plus adroit ou le plus éloquent devint le plus considéré, et ce fut là le premier pas vers l'inégalité, et vers le vice en même temps : de ces premières préférences naquirent d'un côté la vanité et le mépris, de l'autre la honte et l'envie ; et la fermentation causée par ces nouveaux levains produisit enfin des composés funestes au bonheur et à l'innocence.

Sitôt que les hommes eurent commencé à s'apprécier mutuellement et que l'idée de la considération fut formée dans leur esprit, chacun prétendit y avoir droit, et il ne fut plus possible d'en manquer impunément pour personne. De là sortirent les premiers devoirs de la civilité, même parmi les sauvages, et de là tout tort volontaire devint un outrage, parce qu'avec le mal qui résultait de l'injure, l'offensé y voyait le mépris de sa personne souvent plus insupportable que le mal même. C'est ainsi que chacun punissant le mépris qu'on lui avait témoigné d'une manière proportionnée au cas qu'il faisait de lui-même, les vengeances devinrent terribles, et les hommes sanguinaires et cruels. Voilà précisément le degré où étaient parvenus la plupart des peuples sauvages qui nous sont connus ; et c'est faute d'avoir suffisamment distingué les idées, et remarqué combien ces peuples étaient déjà loin du premier état de nature, que plusieurs se sont hâtés de conclure que l'homme est naturellement cruel et qu'il a besoin de police pour l'adoucir, tandis que rien n'est si doux que lui dans son état primitif, lorsque placé par la nature à des distances égales de la stupidité des brutes et des lumières funestes de l'homme civil, et borné également par l'instinct et par la raison à se garantir du mal qui le menace, il est retenu par la pitié naturelle de faire lui-même du mal à personne, sans y être porté par rien, même après en avoir reçu.

Car, selon l'axiome du sage Locke[1], *il ne saurait y avoir d'injure, où il n'y a point de propriété.*

Mais il faut remarquer que la société commencée et les relations déjà établies entre les hommes exigeaient en eux des qualités différentes de celles qu'ils tenaient de leur constitution primitive ; que la moralité commençant à s'introduire dans les actions humaines, et chacun avant les lois étant seul juge et vengeur des offenses qu'il avait reçues, la bonté convenable au pur état de nature n'était plus celle qui convenait à la société naissante ; qu'il fallait que les punitions devinssent plus sévères à mesure que les occasions d'offenser devenaient plus fréquentes, et que c'était à la terreur des vengeances de tenir lieu du frein des lois. Ainsi quoique les hommes fussent devenus moins endurants, et que la pitié naturelle eût déjà souffert quelque altération, cette période du développement des facultés humaines, tenant un juste milieu entre l'indolence de l'état primitif et la pétulante activité de notre amour-propre, dut être l'époque la plus heureuse et la plus durable. Plus on y réfléchit, plus on trouve que cet état était le moins sujet aux révolutions, le meilleur à l'homme[15*], et qu'il n'en a dû sortir que par quelque funeste hasard qui pour l'utilité commune eût dû ne jamais arriver. L'exemple des sauvages qu'on a presque tous trouvés à ce point[2] semble confirmer que le genre humain était fait pour y rester toujours, que cet état est la véritable jeunesse du monde, et que tous les progrès ultérieurs ont été en apparence autant de pas vers la perfection de l'individu, et en effet vers la décrépitude de l'espèce.

Tant que les hommes se contentèrent de leurs cabanes rustiques, tant qu'ils se bornèrent à coudre leurs habits de peaux avec des épines ou des arêtes, à se parer de plumes et de

1. *Cf.* Thèmes et problématiques, p. 192. \ **2.** Arrivés à ce stade de l'évolution.

coquillages, à se peindre le corps de diverses couleurs, à perfectionner ou embellir leurs arcs et leurs flèches, à tailler avec des pierres tranchantes quelques canots de pêcheurs ou quelques grossiers instruments de musique, en un mot tant qu'ils ne s'appliquèrent qu'à des ouvrages qu'un seul pouvait faire, et qu'à des arts qui n'avaient pas besoin du concours de plusieurs mains, ils vécurent libres, sains, bons et heureux autant qu'ils pouvaient l'être par leur nature, et continuèrent à jouir entre eux des douceurs d'un commerce indépendant : mais dès l'instant qu'un homme eut besoin du secours d'un autre ; dès qu'on s'aperçut qu'il était utile à un seul d'avoir des provisions pour deux, l'égalité disparut, la propriété s'introduisit, le travail devint nécessaire et les vastes forêts se changèrent en des campagnes riantes qu'il fallut arroser de la sueur des hommes, et dans lesquelles on vit bientôt l'esclavage et la misère germer et croître avec les moissons.

La métallurgie et l'agriculture furent les deux arts dont l'intervention produisit cette grande révolution. Pour le poète, c'est l'or et l'argent, mais pour le philosophe ce sont le fer et le blé qui ont civilisé les hommes et perdu le genre humain ; aussi l'un et l'autre étaient-ils inconnus aux sauvages de l'Amérique qui pour cela sont toujours demeurés tels ; les autres peuples semblent même être restés barbares tant qu'ils ont pratiqué l'un de ces arts sans l'autre ; et l'une des meilleures raisons peut-être pourquoi l'Europe a été, sinon plus tôt, du moins plus constamment et mieux policée que les autres parties du monde, c'est qu'elle est à la fois la plus abondante en fer et la plus fertile en blé.

Il est très difficile de conjecturer comment les hommes sont parvenus à connaître et employer le fer : car il n'est pas croyable qu'ils aient imaginé d'eux-mêmes de tirer la matière de la mine et de lui donner les préparations nécessaires pour la mettre en fusion avant que de savoir ce qui en résulterait. D'un autre côté, on peut d'autant moins attribuer cette découverte à quelque incendie accidentel que les mines ne se forment que dans des lieux arides et dénués d'arbres et de plantes, de sorte qu'on dirait que la nature avait pris des précautions pour nous dérober ce fatal secret. Il ne reste donc que la circonstance extraordinaire de quelque volcan qui, vomissant des matières métalliques en fusion, aura donné aux observateurs l'idée d'imiter cette opération de la nature ; encore faut-il leur supposer bien du courage et de la prévoyance pour entreprendre un travail aussi pénible et envisager d'aussi loin les avantages qu'ils en pouvaient retirer ; ce qui ne convient guère qu'à des esprits déjà plus exercés que ceux-ci ne le devaient être.

Quant à l'agriculture, le principe en fut connu longtemps avant que la pratique en fût établie, et il n'est guère possible que les hommes sans cesse occupés à tirer leur subsistance des arbres et des plantes n'eussent assez promptement l'idée des voies que la nature emploie pour la génération des végétaux ; mais leur industrie ne se tourna probablement que fort tard de ce côté-là, soit parce que les arbres, qui avec la chasse et la pêche fournissaient à leur nourriture, n'avaient pas besoin de leurs soins, soit faute de connaître l'usage du blé, soit faute d'instruments pour le cultiver, soit faute de prévoyance pour le besoin à venir, soit enfin faute de moyens pour empêcher les autres de s'approprier le fruit de leur travail. Devenus plus industrieux, on peut croire qu'avec des pierres aiguës et des bâtons pointus ils commencèrent par cultiver quelques légumes ou racines autour de leurs cabanes, longtemps avant de savoir préparer le blé, et d'avoir les instruments nécessaires pour la culture en grand, sans compter que, pour se livrer à cette occupation et ensemencer des terres, il faut se résoudre à perdre d'abord quelque chose pour gagner beaucoup dans la suite ; précaution fort éloignée du tour d'esprit de l'homme sauvage qui, comme je l'ai dit, a bien de la peine à songer le matin à ses besoins du soir.

L'invention des autres arts fut donc nécessaire pour forcer le genre humain de s'appliquer à celui de l'agriculture. Dès qu'il fallut des hommes pour fondre et forger le fer, il fallut d'autres hommes pour nourrir ceux-là. Plus le nombre des ouvriers vint à se multiplier, moins il y eut de mains employées à fournir à la subsistance commune, sans qu'il y eût moins de bouches pour la consommer, et comme il fallut aux uns des denrées en échange de leur fer, les autres trouvèrent enfin le secret d'employer le fer à la multiplication des denrées. De là naquirent d'un côté le labourage et l'agriculture, et de l'autre l'art de travailler les métaux et d'en multiplier les usages.

De la culture des terres s'ensuivit nécessairement leur partage, et de la propriété une fois reconnue les premières règles de justice : car pour rendre à chacun le sien, il faut que chacun puisse avoir quelque chose ; de plus les hommes commençant à porter leurs vues dans l'avenir et se voyant tous quelques biens à perdre, il n'y en avait aucun qui n'eût à craindre pour soi la représaille des torts qu'il pouvait faire à autrui. Cette origine est d'autant plus naturelle qu'il est impossible de concevoir l'idée de la propriété naissante d'ailleurs que de la main-d'œuvre ; car on ne voit pas ce que, pour s'approprier les choses qu'il n'a point faites, l'homme y peut mettre de plus que son travail. C'est le seul travail qui donnant droit au cultivateur sur le produit de la terre qu'il a labourée lui en donne par conséquent sur le fond, au moins jusqu'à la récolte, et ainsi d'année en année, ce qui faisant une possession continue, se transforme aisément en propriété. Lorsque les Anciens, dit Grotius [1], ont donné à Cérès [2] l'épithète de législatrice, et à une fête célébrée en son honneur le nom de Thesmophories [3], ils ont fait entendre par là que le partage des terres a produit une nouvelle sorte de droit. C'est-

1. Juriste hollandais (1583-1645), auteur du *Droit de la guerre et de la paix* et, à ce titre, premier grand théoricien du droit international. Rousseau réfute certaines de ses thèses dans *Du contrat social*. \ **2.** Divinité latine de la fertilité. \ **3.** Fêtes en l'honneur de Déméter et Gérès. De *thesmo* : loi, et *phoros* : qui porte. Déméter est le *thesmophoros*, ou législateur ; c'est-à-dire celui qui porte la loi.

à-dire le droit de propriété différent de celui qui résulte de la loi naturelle.

Les choses en cet état eussent pu demeurer égales, si les talents eussent été égaux, et que, par exemple, l'emploi du fer et la consommation des denrées eussent toujours fait une balance exacte; mais la proportion que rien ne maintenait fut bientôt rompue: le plus fort faisait plus d'ouvrage; le plus adroit tirait meilleur parti du sien; le plus ingénieux trouvait des moyens d'abréger le travail; le laboureur avait plus besoin de fer, ou le forgeron plus besoin de blé, et en travaillant également, l'un gagnait beaucoup tandis que l'autre avait peine à vivre. C'est ainsi que l'inégalité naturelle se déploie insensiblement avec celle de combinaison et que les différences des hommes, développées par celles des circonstances, se rendent plus sensibles, plus permanentes dans leurs effets, et commencent à influer dans la même proportion sur le sort des particuliers.

Les choses étant parvenues à ce point, il est facile d'imaginer le reste. Je ne m'arrêterai pas à décrire l'invention successive des autres arts, le progrès des langues, l'épreuve et l'emploi des talents, l'inégalité des fortunes, l'usage ou l'abus des richesses, ni tous les détails qui suivent ceux-ci et que chacun peut aisément suppléer. Je me bornerai seulement à jeter un coup d'œil sur le genre humain placé dans ce nouvel ordre de choses.

Voilà donc toutes nos facultés développées, la mémoire et l'imagination en jeu, l'amour-propre intéressé, la raison rendue active et l'esprit arrivé presque au terme de la perfection, dont il est susceptible. Voilà toutes les qualités naturelles mises en action, le rang et le sort de chaque homme établi, non seulement sur les quantités des biens et le pouvoir de servir ou de nuire, mais sur l'esprit, la beauté, la force ou l'adresse, sur le mérite ou les talents, et ces qualités étant les seules qui pouvaient attirer de la considération, il fallut bientôt les avoir ou les affecter, il fallut pour son avantage se montrer autre que ce qu'on était en effet. Être et paraître devinrent deux choses tout à fait différentes, et de cette distinction sortirent le faste imposant, la ruse trompeuse, et tous les vices qui en sont le cortège. D'un autre côté, de libre et indépendant qu'était auparavant l'homme, le voilà par une multitude de nouveaux besoins assujetti, pour ainsi dire, à toute la nature, et surtout à ses semblables dont il devient l'esclave en un sens, même en devenant leur maître ; riche, il a besoin de leurs services ; pauvre, il a besoin de leur secours, et la médiocrité ne le met point en état de se passer d'eux. Il faut donc qu'il cherche sans cesse à les intéresser à son sort, et à leur faire trouver en effet ou en apparence leur profit à travailler pour le sien : ce qui le rend fourbe et artificieux avec les uns, impérieux et dur avec les autres, et le met dans la nécessité d'abuser tous ceux dont il a besoin, quand il ne peut s'en faire craindre, et qu'il ne trouve pas son intérêt à les servir utilement. Enfin l'ambition dévorante, l'ardeur d'élever sa fortune relative, moins par un véritable besoin que pour se mettre au-dessus des autres, inspire à tous les hommes un noir penchant à se nuire mutuellement, une jalousie secrète d'autant plus dangereuse que, pour faire son coup plus en sûreté, elle prend souvent le masque de la bienveillance ; en un mot, concurrence et rivalité d'une part, de l'autre opposition d'intérêt, et toujours le désir caché de faire son profit aux dépens d'autrui, tous ces maux sont le premier effet de la propriété et le cortège inséparable de l'inégalité naissante.

Avant qu'on eût inventé les signes représentatifs des richesses, elles ne pouvaient guère consister qu'en terres et en bestiaux, les seuls biens réels que les hommes puissent posséder. Or quand les héritages se furent accrus en nombre et en étendue au point de couvrir le sol entier et de se toucher tous, les uns ne purent plus s'agrandir qu'aux dépens des autres, et les surnuméraires que la faiblesse ou l'indolence avaient empêchés d'en acquérir à leur tour, devenus pauvres sans avoir rien perdu, parce que, tout changeant autour d'eux, eux seuls n'avaient point changé, furent obligés de recevoir ou de ravir leur subsistance de la main des riches, et de là commencèrent à naître, selon les divers caractères des uns et des autres, la domination et la servitude, ou la violence et les rapines. Les riches de leur côté connurent à peine le plaisir de dominer, qu'ils dédaignèrent bientôt tous les autres, et se servant de leurs anciens esclaves pour en soumettre de nouveaux, ils ne songèrent qu'à subjuguer et asservir leurs voisins; semblables à ces loups affamés qui ayant une fois goûté de la chair humaine rebutent toute autre nourriture et ne veulent plus que dévorer des hommes.

C'est ainsi que les plus puissants ou les plus misérables, se faisant de leur force ou de leurs besoins une sorte de droit au bien d'autrui, équivalent, selon eux, à celui de propriété, l'égalité rompue fut suivie du plus affreux désordre: c'est ainsi que les usurpations des riches, les brigandages des pauvres, les passions effrénées de tous étouffant la pitié naturelle, et la voix encore faible de la justice, rendirent les hommes avares, ambitieux et méchants. Il s'élevait entre le droit du plus fort et le droit du premier occupant un conflit perpétuel qui ne se terminait que par des combats et des meurtres[16*]. La société naissante fit place au plus horrible état de guerre: le genre humain avili et désolé, ne pouvant plus retourner sur ses pas ni renoncer aux acquisitions malheureuses qu'il avait faites et ne travaillant qu'à sa honte, par l'abus des facultés qui l'honorent, se mit lui-même à la veille de sa ruine.

Attonitus novitate mali, divesque miserque,
Effugere optat opes, et quœ modo voverat, odit[1].

Il n'est pas possible que les hommes n'aient fait enfin des

1. « Épouvanté d'un mal si nouveau, riche et misérable tout ensemble, il désire échapper à ses richesses et ce qu'il avait souhaité naguère, il le hait. » (Ovide, *Métamorphoses*)

réflexions sur une situation aussi misérable, et sur les calamités dont ils étaient accablés. Les riches surtout durent bientôt sentir combien leur était désavantageuse une guerre perpétuelle dont ils faisaient seuls tous les frais et dans laquelle le risque de la vie était commun et celui des biens, particulier. D'ailleurs, quelque couleur qu'ils pussent donner à leurs usurpations, ils sentaient assez qu'elles n'étaient établies que sur un droit précaire et abusif et que n'ayant été acquises que par la force, la force pouvait les leur ôter sans qu'ils eussent raison de s'en plaindre. Ceux mêmes que la seule industrie avait enrichis ne pouvaient guère fonder leur propriété sur de meilleurs titres. Ils avaient beau dire : c'est moi qui ai bâti ce mur ; j'ai gagné ce terrain par mon travail. Qui vous a donné les alignements, leur pouvait-on répondre, et en vertu de quoi prétendez-vous être payés à nos dépens d'un travail que nous ne vous avons point imposé ? Ignorez-vous qu'une multitude de vos frères périt, ou souffre du besoin de ce que vous avez de trop, et qu'il vous fallait un consentement exprès et unanime du genre humain pour vous approprier sur la subsistance commune tout ce qui allait au-delà de la vôtre ? Destitué de raisons valables pour se justifier, et de forces suffisantes pour se défendre ; écrasant facilement un particulier, mais écrasé lui-même par des troupes de bandits, seul contre tous, et ne pouvant à cause des jalousies mutuelles s'unir avec ses égaux contre des ennemis unis par l'espoir commun du pillage, le riche, pressé par la nécessité, conçut enfin le projet le plus réfléchi qui soit jamais entré dans l'esprit humain ; ce fut d'employer en sa faveur les forces même de ceux qui l'attaquaient, de faire ses défenseurs de ses adversaires, de leur inspirer d'autres maximes, et de leur donner d'autres institutions qui lui fussent aussi favorables que le droit naturel lui était contraire.

Dans cette vue, après avoir exposé à ses voisins l'horreur d'une situation qui les armait tous les uns contre les autres, qui leur rendait leurs possessions aussi onéreuses que leurs besoins, et où nul ne trouvait sa sûreté ni dans la pauvreté ni dans la richesse, il inventa aisément des raisons spécieuses pour les amener à son but. « Unissons-nous, leur dit-il, pour garantir de l'oppression les faibles, contenir les ambitieux, et assurer à chacun la possession de ce qui lui appartient. Instituons des règlements de justice et de paix auxquels tous soient obligés de se conformer, qui ne fassent exception de personne, et qui réparent en quelque sorte les caprices de la fortune en soumettant également le puissant et le faible à des devoirs mutuels. En un mot, au lieu de tourner nos forces contre nous-mêmes, rassemblons-les en un pouvoir suprême qui nous gouverne selon de sages lois, qui protègent et défendent tous les membres de l'association, repoussent les ennemis communs et nous maintiennent dans une concorde éternelle. »

Il en fallut beaucoup moins que l'équivalent de ce discours pour entraîner des hommes grossiers, faciles à séduire, qui d'ailleurs avaient trop d'affaires à démêler entre eux pour pouvoir se passer d'arbitres, et trop d'avarice et d'ambition, pour pouvoir longtemps se passer de maîtres. Tous coururent au-devant de leurs fers croyant assurer leur liberté ; car avec assez de raison pour sentir les avantages d'un établissement politique, ils n'avaient pas assez d'expérience pour en prévoir les dangers ; les plus capables de pressentir les abus étaient précisément ceux qui comptaient d'en profiter, et les sages mêmes virent qu'il fallait se résoudre à sacrifier une partie de leur liberté à la conservation de l'autre, comme un blessé se fait couper le bras pour sauver le reste du corps.

Telle fut, ou dut être, l'origine de la société et des lois, qui donnèrent de nouvelles entraves au faible et de nouvelles forces au riche[17*], détruisirent sans retour la liberté naturelle, fixèrent pour jamais la loi de la propriété et de l'inégalité, d'une adroite usurpation firent un droit irrévocable, et pour le profit de quelques ambitieux assujettirent désormais tout le genre humain au travail, à la servitude et à la misère. On voit aisément comment l'établissement d'une seule société rendit indispensable celui de toutes les autres, et comment, pour faire tête à des forces unies, il fallut s'unir à son tour. Les sociétés se multipliant ou s'étendant rapidement couvrirent bientôt toute la surface de la terre, et il ne fut plus possible de trouver un seul coin de l'univers où l'on pût s'affranchir du joug et soustraire sa tête au glaive souvent mal conduit que chaque homme vit perpétuellement suspendu sur la sienne. Le droit civil étant ainsi devenu la règle commune des citoyens, la loi de nature n'eut plus lieu qu'entre les diverses sociétés, où, sous le nom de droit des gens, elle fut tempérée par quelques conventions tacites pour rendre le commerce possible et suppléer à la commisération naturelle, qui, perdant de société à société presque toute la force quelle avait d'homme à homme, ne réside plus que dans quelques grandes âmes cosmopolites, qui franchissent les barrières imaginaires qui séparent les peuples, et qui, à l'exemple de l'être souverain qui les a créés, embrassent tout le genre humain dans leur bienveillance.

Les corps politiques restant ainsi entre eux dans l'état de nature se ressentirent bientôt des inconvénients qui avaient forcé les particuliers d'en sortir, et cet état devint encore plus funeste entre ces grands corps qu'il ne l'avait été auparavant entre les individus dont ils étaient composés. De là sortirent les guerres nationales, les batailles, les meurtres, les représailles qui font frémir la nature et choquent la raison, et tous ces préjugés horribles qui placent au rang des vertus l'honneur de répandre le sang humain. Les plus honnêtes gens apprirent à compter parmi leurs devoirs celui d'égorger leurs semblables ; on vit enfin les hommes se massacrer par milliers sans savoir pourquoi ; et il se commettait plus de meurtres en un seul jour de combat et plus d'horreurs à la prise d'une seule ville qu'il ne s'en était commis dans l'état de nature durant des siècles entiers sur toute la face de la terre. Tels sont les premiers effets qu'on entrevoit de la division du genre humain en différentes sociétés. Revenons à leur institution.

Je sais que plusieurs ont donné d'autres origines aux sociétés politiques, comme les conquêtes du plus puissant ou l'union des faibles, et le choix entre ces causes est indifférent à ce que je veux établir : cependant celle que je viens d'exposer me paraît la plus naturelle par les raisons suivantes : 1. Que dans le premier cas, le droit de conquête n'étant point un droit n'en a pu fonder aucun autre, le conquérant et les peuples conquis restant toujours entre eux dans l'état de guerre, à moins que la nation remise en pleine liberté ne choisisse volontairement son vainqueur pour son chef. Jusque-là, quelques capitulations qu'on ait faites, comme elles n'ont été fondées que sur la violence, et que par conséquent elles sont nulles par le fait même, il ne peut y avoir dans cette hypothèse ni véritable société, ni corps politique, ni d'autre loi que celle du plus fort. 2. Que ces mots de *fort* et de *faible* sont équivoques dans le second cas ; que dans l'intervalle qui se trouve entre l'établissement du droit de propriété ou de premier occupant, et celui des gouvernements politiques, le sens de ces termes est mieux rendu par ceux de *pauvre* et de *riche*, parce qu'en effet un homme n'avait point avant les lois d'autre moyen d'assujettir ses égaux qu'en attaquant leur bien, ou leur faisant quelque part du sien. 3. Que les pauvres n'ayant rien à perdre que leur liberté, c'eût été une grande folie à eux de s'ôter volontairement le seul bien qui leur restait pour ne rien gagner en échange ; qu'au contraire les riches étant, pour ainsi dire, sensibles dans toutes les parties de leurs biens, il était beaucoup plus aisé de leur faire du mal, qu'ils avaient par conséquent plus de précautions à prendre pour s'en garantir et qu'enfin il est raisonnable de croire qu'une chose a été inventée par ceux à qui elle est utile plutôt que par ceux à qui elle fait du tort.

Le gouvernement naissant n'eut point une forme constante et régulière. Le défaut de philosophie et d'expérience ne laissait apercevoir que les inconvénients présents, et l'on ne songeait à remédier aux autres qu'à mesure qu'ils se présentaient. Malgré tous les travaux des plus sages législateurs, l'état politique demeura toujours imparfait, parce qu'il était presque l'ouvrage du hasard, et que, mal commencé, le temps en découvrant les défauts et suggérant des remèdes, ne put jamais réparer les vices de la constitution. On raccommodait sans cesse, au lieu qu'il eût fallu commencer par nettoyer l'aire et écarter tous les vieux matériaux, comme fit Lycurgue[1] à Sparte, pour élever ensuite un bon édifice. La société ne consista d'abord qu'en quelques conventions générales que tous les particuliers s'engageaient à observer et dont la communauté se rendait garante envers chacun d'eux. Il fallut que l'expérience montrât combien une pareille constitution était faible, et combien il était facile aux infracteurs d'éviter la conviction ou le châtiment des fautes dont le public seul devait être le témoin et le juge; il fallut que la loi fût éludée de mille manières; il fallut que les inconvénients et les désordres se multipliassent continuellement, pour qu'on songeât enfin à confier à des particuliers le dangereux dépôt de l'autorité publique et qu'on commît à des magistrats le soin de faire observer les délibérations du peuple: car de dire que les chefs furent choisis avant que la confédération fût faite et que les ministres des lois existèrent avant les lois mêmes, c'est une supposition qu'il n'est pas permis de combattre sérieusement.

Il ne serait pas plus raisonnable de croire que les peuples se sont d'abord jetés entre les bras d'un maître absolu, sans conditions et sans retour, et que le premier moyen de pourvoir à la sûreté commune qu'aient imaginé des hommes fiers et indomptés a été

1. Législateur légendaire de Sparte ayant peut être vécu au IXe siècle av. J.-C. C'est l'oracle de Delphes qui lui aurait dicté la Constitution de Sparte.

de se précipiter dans l'esclavage. En effet, pourquoi se sont-ils donné des supérieurs, si ce n'est pour les défendre contre l'oppression, et protéger leurs biens, leurs libertés, et leurs vies, qui sont, pour ainsi dire, les éléments constitutifs de leur être ? Or, dans les relations d'homme à homme, le pis qui puisse arriver à l'un étant de se voir à la discrétion de l'autre, n'eût-il pas été contre le bon sens de commencer par se dépouiller entre les mains d'un chef des seules choses pour la conservation desquelles ils avaient besoin de son secours ? Quel équivalent eût-il pu leur offrir pour la concession d'un si beau droit ; et, s'il eût osé l'exiger sous le prétexte de les défendre, n'eût-il pas aussitôt reçu la réponse de l'apologue : Que nous fera de plus l'ennemi ? Il est donc incontestable, et c'est la maxime fondamentale de tout le droit politique, que les peuples se sont donné des chefs pour défendre leur liberté et non pour les asservir. *Si nous avons un prince*, disait Pline[1] à Trajan, *c'est afin qu'il nous préserve d'avoir un maître.*

Les politiques font sur l'amour de la liberté les mêmes sophismes que les philosophes ont faits sur l'état de nature ; par les choses qu'ils voient ils jugent des choses très différentes qu'ils n'ont pas vues et ils attribuent aux hommes un penchant naturel à la servitude par la patience avec laquelle ceux qu'ils ont sous les yeux supportent la leur, sans songer qu'il en est de la liberté comme de l'innocence et de la vertu, dont on ne sent le prix qu'autant qu'on en jouit soi-même et dont le goût se perd sitôt qu'on les a perdues. Je connais les délices de ton pays, disait Brasidas[2] à un satrape[3] qui comparait la vie de Sparte à celle de Persépolis[4], mais tu ne peux connaître les plaisirs du mien.

Comme un coursier indompté hérisse ses crins, frappe la terre du pied et se débat impétueusement à la seule approche

1. Écrivain romain (61-114), auteur d'un Panégyrique de Trajan. \ **2.** Général spartiate (IVe s. av. J.-C.). \ **3.** Gouverneur dans la Perse ancienne. \ **4.** Ancienne cité royale de l'Empire perse.

du mors, tandis qu'un cheval dressé souffre patiemment la verge et l'éperon, l'homme barbare ne plie point sa tête au joug que l'homme civilisé porte sans murmure, et il préfère la plus orageuse liberté à un assujettissement tranquille. Ce n'est donc pas par l'avilissement des peuples asservis qu'il faut juger des dispositions naturelles de l'homme pour ou contre la servitude, mais par les prodiges qu'ont faits tous les peuples libres pour se garantir de l'oppression. Je sais que les premiers ne font que vanter sans cesse la paix et le repos dont ils jouissent dans leurs fers, et que *miserrimam servitutem pacem appellant*[1], mais quand je vois les autres sacrifier les plaisirs, le repos, la richesse, la puissance et la vie même à la conservation de ce seul bien si dédaigné de ceux qui l'ont perdu ; quand je vois des animaux nés libres et abhorrant la captivité se briser la tête contre les barreaux de leur prison, quand je vois des multitudes de sauvages tout nus mépriser les voluptés européennes et braver la faim, le feu, le fer et la mort pour ne conserver que leur indépendance, je sens que ce n'est pas à des esclaves qu'il appartient de raisonner de liberté.

Quant à l'autorité paternelle dont plusieurs ont fait dériver le gouvernement absolu et toute la société, sans recourir aux preuves contraires de Locke[2] et de Sidney[3], il suffit de remarquer que rien au monde n'est plus éloigné de l'esprit féroce du despotisme que la douceur de cette autorité qui regarde plus à l'avantage de celui qui obéit qu'à l'utilité de celui qui commande, que par la loi de nature le père n'est le maître de l'enfant qu'aussi longtemps que son secours lui est nécessaire, qu'au-delà de ce terme ils deviennent égaux et qu'alors le fils, parfaitement indépendant du père, ne lui doit que du respect, et non de l'obéissance ; car la reconnaissance est bien un devoir

1. « Ils désignent du nom de paix la servitude la plus misérable » (Tacite, *Histoires*). \ 2. *Cf.* Thèmes et problématiques, p. 192. \ 3. Romancier et essayiste anglais (1554-1586).

qu'il faut rendre, mais non pas un droit qu'on puisse exiger. Au lieu de dire que la société civile dérive du pouvoir paternel, il fallait dire au contraire que c'est d'elle que ce pouvoir tire sa principale force ; un individu ne fut reconnu pour le père de plusieurs que quand ils restèrent assemblés autour de lui. Les biens du père, dont il est véritablement le maître, sont les liens qui retiennent ses enfants dans sa dépendance, et il peut ne leur donner part à sa succession qu'à proportion qu'ils auront bien mérité de lui par une continuelle déférence[1] à ses volontés. Or, loin que les sujets aient quelque faveur semblable à attendre de leur despote, comme ils lui appartiennent en propre, eux et tout ce qu'ils possèdent, ou du moins qu'il le prétend ainsi, ils sont réduits à recevoir comme une faveur ce qu'il leur laisse de leur propre bien ; il fait justice quand il les dépouille ; il fait grâce quand il les laisse vivre.

En continuant d'examiner ainsi les faits par le droit, on ne trouverait pas plus de solidité que de vérité dans l'établissement volontaire de la tyrannie, et il serait difficile de montrer la validité d'un contrat qui n'obligerait qu'une des parties, où l'on mettrait tout d'un côté et non de l'autre et qui ne tournerait qu'au préjudice de celui qui s'engage. Ce système odieux est bien éloigné d'être même aujourd'hui celui des sages et bons monarques, et surtout des rois de France, comme on peut le voir en divers endroits de leurs édits et en particulier dans le passage suivant d'un écrit célèbre publié en 1667, au nom et par les ordres de Louis XIV : *Qu'on ne dise donc point que le souverain ne soit pas sujet aux lois de son État, puisque la proposition contraire est une vérité du droit des gens*[2] *que la flatterie a quelquefois attaquée, mais que les bons princes ont toujours défendue comme une divinité tutélaire de leurs États. Combien est-il plus légitime de dire avec le sage Platon que la parfaite félicité d'un*

1. Respect de ses volontés. \ **2.** C'est-à-dire du droit (universel) des peuples.

royaume est qu'un prince soit obéi de ses sujets, que le prince obéisse à la loi, et que la loi soit droite et toujours dirigée au bien public. Je ne m'arrêterai point à rechercher si, la liberté étant la plus noble des facultés de l'homme, ce n'est pas dégrader sa nature, se mettre au niveau des bêtes esclaves de l'instinct, offenser même l'auteur de son être, que de renoncer sans réserve au plus précieux de tous ses dons, que de se soumettre à commettre tous les crimes qu'il nous défend, pour complaire à un maître féroce ou insensé, et si cet ouvrier sublime doit être plus irrité de voir détruire que déshonorer son plus bel ouvrage. Je demanderai seulement de quel droit ceux qui n'ont pas craint de s'avilir eux-mêmes jusqu'à ce point ont pu soumettre leur postérité à la même ignominie, et renoncer pour elle à des biens qu'elle ne tient point de leur libéralité, et sans lesquels la vie même est onéreuse à tous ceux qui en sont dignes ?

Pufendorf[1] dit que, tout de même qu'on transfère son bien à autrui par des conventions et des contrats, on peut aussi se dépouiller de sa liberté en faveur de quelqu'un. C'est là, ce me semble, un fort mauvais raisonnement ; car premièrement le bien que j'aliène me devient une chose tout à fait étrangère, et dont l'abus m'est indifférent, mais il importe qu'on n'abuse point de ma liberté, et je ne puis sans me rendre coupable du mal qu'on me forcera de faire, m'exposer à devenir l'instrument du crime. De plus, le droit de propriété n'étant que de convention et d'institution humaine, tout homme peut à son gré disposer de ce qu'il possède : mais il n'en est pas de même des dons essentiels de la nature, tels que la vie et la liberté, dont il est permis à chacun de jouir et dont il est moins douteux qu'on ait droit de se dépouiller. En s'ôtant l'une on dégrade son être ; en s'ôtant l'autre on l'anéantit autant qu'il est en soi ; et comme

1. *Cf.* note 2, p. 34

nul bien temporel ne peut dédommager de l'une et de l'autre, ce serait offenser à la fois la nature et la raison que d'y renoncer à quelque prix que ce fût. Mais quand on pourrait aliéner sa liberté comme ses biens, la différence serait très grande pour les enfants qui ne jouissent des biens du père que par transmission de son droit, au lieu que, la liberté étant un don qu'ils tiennent de la nature en qualité d'hommes, leurs parents n'ont eu aucun droit de les en dépouiller ; de sorte que comme pour établir l'esclavage, il a fallu faire violence à la nature, il a fallu la changer pour perpétuer ce droit, et les jurisconsultes qui ont gravement prononcé que l'enfant d'une esclave naîtrait esclave ont décidé en d'autres termes qu'un homme ne naîtrait pas homme.

Il me paraît donc certain que non seulement les gouvernements n'ont point commencé par le pouvoir arbitraire, qui n'en est que la corruption, le terme extrême, et qui les ramène enfin à la seule loi du plus fort dont ils furent d'abord le remède, mais encore que, quand même ils auraient ainsi commencé, ce pouvoir, étant par sa nature illégitime, n'a pu servir de fondement aux droits de la société, ni par conséquent à l'inégalité d'institution.

Sans entrer aujourd'hui dans les recherches qui sont encore à faire sur la nature du pacte fondamental de tout gouvernement, je me borne en suivant l'opinion commune à considérer ici l'établissement du corps politique comme un vrai contrat entre le peuple et les chefs qu'il se choisit, contrat par lequel les deux parties s'obligent à l'observation des lois qui y sont stipulées et qui forment les liens de leur union. Le peuple ayant, au sujet des relations sociales, réuni toutes ses volontés en une seule, tous les articles sur lesquels cette volonté s'explique deviennent autant de lois fondamentales qui obligent tous les membres de l'État sans exception, et l'une desquelles règle le choix et le pouvoir des magistrats chargés de veiller à l'exécution des autres. Ce pouvoir s'étend à tout ce qui peut maintenir la constitution, sans aller jusqu'à la changer. On y joint des honneurs qui rendent respectables les lois et leurs ministres, et pour ceux-ci personnellement des prérogatives qui les dédommagent des pénibles travaux que coûte une bonne administration. Le magistrat, de son côté, s'oblige à n'user du pouvoir qui lui est confié que selon l'intention des commettants[1], à maintenir chacun dans la paisible jouissance de ce qui lui appartient et à préférer en toute occasion l'utilité publique à son propre intérêt.

Avant que l'expérience eût montré, ou que la connaissance du cœur humain eût fait prévoir les abus inévitables d'une telle constitution, elle dut paraître d'autant meilleure que ceux qui étaient chargés de veiller à sa conservation y étaient eux-mêmes le plus intéressés; car la magistrature et ses droits n'étant établis que sur les lois fondamentales, aussitôt qu'elles seraient détruites, les magistrats cesseraient d'être légitimes, le peuple ne serait plus tenu de leur obéir, et comme ce n'aurait pas été le magistrat, mais la loi qui aurait constitué l'essence de l'État, chacun rentrerait de droit dans sa liberté naturelle.

Pour peu qu'on y réfléchît attentivement, ceci se confirmerait par de nouvelles raisons et par la nature du contrat on verrait qu'il ne saurait être irrévocable: car s'il n'y avait point de pouvoir supérieur qui pût être garant de la fidélité des contractants, ni les forcer à remplir leurs engagements réciproques, les parties demeureraient seules juges dans leur propre cause et chacune d'elles aurait toujours le droit de renoncer au contrat, sitôt qu'elle trouverait que l'autre en enfreint les conditions ou qu'elles cesseraient de lui convenir. C'est sur ce principe qu'il semble que le droit d'abdiquer peut être fondé. Or, à ne considérer, comme nous faisons, que l'institution

1. Ceux qui l'ont nommé.

humaine, si le magistrat qui a tout le pouvoir en main et qui s'approprie tous les avantages du contrat, avait pourtant le droit de renoncer à l'autorité, à plus forte raison le peuple, qui paye toutes les fautes des chefs, devrait avoir le droit de renoncer à la dépendance. Mais les dissensions affreuses, les désordres infinis qu'entraînerait nécessairement ce dangereux pouvoir, montrent plus que toute autre chose combien les gouvernements humains avaient besoin d'une base plus solide que la seule raison et combien il était nécessaire au repos public que la volonté divine intervînt pour donner à l'autorité souveraine un caractère sacré et inviolable qui ôtât aux sujets le funeste droit d'en disposer. Quand la religion n'aurait fait que ce bien aux hommes, c'en serait assez pour qu'ils dussent tous la chérir et l'adopter, même avec ses abus, puisqu'elle épargne encore plus de sang que le fanatisme n'en fait couler : mais suivons le fil de notre hypothèse.

Les diverses formes des gouvernements tirent leur origine des différences plus ou moins grandes qui se trouvèrent entre les particuliers au moment de l'institution. Un homme était-il éminent en pouvoir, en vertu, en richesses ou en crédit ? il fut seul élu magistrat, et l'État devint monarchique ; si plusieurs à peu près égaux entre eux l'emportaient sur tous les autres, ils furent élus conjointement, et l'on eut une aristocratie. Ceux dont la fortune ou les talents étaient moins disproportionnés et qui s'étaient le moins éloignés de l'état de nature gardèrent en commun l'administration suprême et formèrent une démocratie. Le temps vérifia laquelle de ces formes était la plus avantageuse aux hommes. Les uns restèrent uniquement soumis aux lois, les autres obéirent bientôt à des maîtres. Les citoyens voulurent garder leur liberté, les sujets ne songèrent qu'à l'ôter à leurs voisins, ne pouvant souffrir que d'autres jouissent d'un bien dont ils ne jouissaient plus eux-mêmes. En un mot, d'un côté furent les richesses et les conquêtes, et de l'autre le bonheur et la vertu.

Dans ces divers gouvernements, toutes les magistratures furent d'abord électives, et quand la richesse ne l'emportait pas, la préférence était accordée au mérite qui donne un ascendant naturel et à l'âge qui donne l'expérience dans les affaires et le sang-froid dans les délibérations. Les anciens des Hébreux, les Gérontes[1] de Sparte, le Sénat de Rome, et l'étymologie même de notre mot *Seigneur*[2] montrent combien autrefois la vieillesse était respectée. Plus les élections tombaient sur des hommes avancés en âge, plus elles devenaient fréquentes, et plus leurs embarras se faisaient sentir ; les brigues s'introduisirent, les factions se formèrent, les partis s'aigrirent, les guerres civiles s'allumèrent, enfin le sang des citoyens fut sacrifié au prétendu bonheur de l'État, et l'on fut à la veille de retomber dans l'anarchie des temps antérieurs. L'ambition des principaux profita de ces circonstances pour perpétuer leurs charges dans leurs familles : le peuple déjà accoutumé à la dépendance, au repos et aux commodités de la vie, et déjà hors d'état de briser ses fers, consentit à laisser augmenter sa servitude pour affermir sa tranquillité ; et c'est ainsi que les chefs devenus héréditaires s'accoutumèrent à regarder leur magistrature comme un bien de famille, à se regarder eux-mêmes comme les propriétaires de l'État dont ils n'étaient d'abord que les officiers, à appeler leurs concitoyens leurs esclaves, à les compter comme du bétail au nombre des choses qui leur appartenaient et à s'appeler eux-mêmes égaux aux dieux et rois des rois.

Si nous suivons le progrès de l'inégalité dans ces différentes révolutions, nous trouverons que l'établissement de la loi et du droit de propriété fut son premier terme, l'institution de la magistrature le second, que le troisième et dernier fut le chan-

1. Assemblée d'« Anciens ». \ 2. De *senior*, l'aîné, titre de respect.

gement du pouvoir légitime en pouvoir arbitraire; en sorte que l'état de riche et de pauvre fut autorisé par la première époque, celui de puissant et de faible par la seconde, et par la troisième celui de maître et d'esclave, qui est le dernier degré de l'inégalité, et le terme auquel aboutissent enfin tous les autres, jusqu'à ce que de nouvelles révolutions dissolvent tout à fait le gouvernement, ou le rapprochent de l'institution légitime.

Pour comprendre la nécessité de ce progrès il faut moins considérer les motifs de l'établissement du corps politique que la forme qu'il prend dans son exécution et les inconvénients qu'il entraîne après lui: car les vices qui rendent nécessaires les institutions sociales sont les mêmes qui en rendent l'abus inévitable; et comme, excepté la seule Sparte, où la loi veillait principalement à l'éducation des enfants et où Lycurgue établit des mœurs qui le dispensaient presque d'y ajouter des lois, les lois en général moins fortes que les passions contiennent les hommes sans les changer; il serait aisé de prouver que tout gouvernement qui, sans se corrompre ni s'altérer, marcherait toujours exactement selon la fin de son institution, aurait été institué sans nécessité, et qu'un pays où personne n'éluderait les lois et n'abuserait de la magistrature, n'aurait besoin ni de magistrats ni de lois.

Les distinctions politiques amènent nécessairement les distinctions civiles. L'inégalité, croissant entre le peuple et ses chefs, se fait bientôt sentir parmi les particuliers et s'y modifie en mille manières selon les passions, les talents et les occurrences. Le magistrat ne saurait usurper un pouvoir illégitime sans se faire des créatures auxquelles il est forcé d'en céder quelque partie. D'ailleurs, les citoyens ne se laissent opprimer qu'autant qu'entraînés par une aveugle ambition et regardant plus au-dessous qu'au-dessus d'eux, la domination leur devient plus chère que l'indépendance, et qu'ils consentent à porter les fers pour en pouvoir donner à leur tour. Il est très difficile de réduire à l'obéissance celui qui ne cherche point à commander et le politique le plus adroit ne viendrait pas à bout d'assujettir des hommes qui ne voudraient qu'être libres ; mais l'inégalité s'étend sans peine parmi des âmes ambitieuses et lâches, toujours prêtes à courir les risques de la fortune et à dominer ou servir presque indifféremment selon qu'elle leur devient favorable ou contraire. C'est ainsi qu'il dut venir un temps où les yeux du peuple furent fascinés à tel point que les conducteurs n'avaient qu'à dire au plus petit des hommes : Sois grand, toi et toute ta race, aussitôt il paraissait grand à tout le monde ainsi qu'à ses propres yeux, et ses descendants s'élevaient encore à mesure qu'ils s'éloignaient de lui ; plus la cause était reculée et incertaine, plus l'effet augmentait ; plus on pouvait compter de fainéants dans la famille, et plus elle devenait illustre.

Si c'était ici le lieu d'entrer en des détails, j'expliquerais facilement comment l'inégalité de crédit et d'autorité devient inévitable entre les particuliers[18*] sitôt que réunis en une même société, ils sont forcés de se comparer entre eux et de tenir compte des différences qu'ils trouvent dans l'usage continuel qu'ils ont à faire les uns des autres. Ces différences sont de plusieurs espèces, mais en général la richesse, la noblesse ou le rang, la puissance et le mérite personnel, étant les distinctions principales par lesquelles on se mesure dans la société, je prouverais que l'accord ou le conflit de ces forces diverses est l'indication la plus sûre d'un État bien ou mal constitué. Je ferais voir qu'entre ces quatre sortes d'inégalité, les qualités personnelles étant l'origine de toutes les autres, la richesse est la dernière à laquelle elles se réduisent à la fin, parce qu'étant la plus immédiatement utile au bien-être et la plus facile à communiquer, on s'en sert aisément pour acheter tout le reste. Observation qui peut faire juger assez exactement de la mesure dont chaque peuple s'est éloigné de son institution primitive, et du chemin qu'il a fait vers le terme extrême de la corruption. Je remarquerais combien ce désir universel de réputation, d'honneurs et de préférences, qui nous dévore tous, exerce et compare les talents et les forces, combien il excite et multiplie les passions, et combien, rendant tous les hommes concurrents, rivaux ou plutôt ennemis, il cause tous les jours de revers, de succès et de catastrophes de toute espèce en faisant courir la même lice[1] à tant de prétendants. Je montrerais que c'est à cette ardeur de faire parler de soi, à cette fureur de se distinguer qui nous tient presque toujours hors de nous-mêmes, que nous devons ce qu'il y a de meilleur et de pire parmi les hommes, nos vertus et nos vices, nos sciences et nos erreurs, nos conquérants et nos philosophes, c'est-à-dire une multitude de mauvaises choses sur un petit nombre de bonnes. Je prouverais enfin que si l'on voit une poignée de puissants et de riches au faîte des grandeurs et de la fortune, tandis que la foule rampe dans l'obscurité et dans la misère, c'est que les premiers n'estiment les choses dont ils jouissent qu'autant que les autres en sont privés, et que, sans changer d'état, ils cesseraient d'être heureux, si le peuple cessait d'être misérable.

Mais ces détails seraient seuls la matière d'un ouvrage considérable dans lequel on pèserait les avantages et les inconvénients de tout gouvernement, relativement aux droits de l'état de nature, et où l'on dévoilerait toutes les faces différentes sous lesquelles l'inégalité s'est montrée jusqu'à ce jour et pourra se montrer dans les siècles selon la nature de ces gouvernements et les révolutions que le temps y amènera nécessairement. On verrait une multitude opprimée au-dedans par une suite des précautions mêmes qu'elle avait prises contre ce qui la menaçait au-dehors. On verrait l'oppression s'accroître continuellement sans que les opprimés pussent jamais savoir quel terme elle aurait, ni quels moyens légitimes il leur resterait pour l'arrêter. On verrait les droits des citoyens et les libertés nationales

1. Compétition

s'éteindre peu à peu, et les réclamations des faibles traitées de murmures séditieux. On verrait la politique restreindre à une portion mercenaire du peuple l'honneur de défendre la cause commune : on verrait de là sortir la nécessité des impôts, le cultivateur découragé quitter son champ même durant la paix et laisser la charrue pour ceindre l'épée. On verrait naître les règles funestes et bizarres du point d'honneur. On verrait les défenseurs de la patrie en devenir tôt ou tard les ennemis, tenir sans cesse le poignard levé sur leurs concitoyens, et il viendrait un temps où l'on les entendrait dire à l'oppresseur de leur pays :

Pectore si fratris gladium juguloque parentis
Condere me jubeas, gravidœque in viscent partu
Conjugis, invita peragam tamen omnia dextra[1]

De l'extrême inégalité des conditions et des fortunes, de la diversité des passions et des talents, des arts inutiles, des arts pernicieux, des sciences frivoles sortiraient des foules de préjugés, également contraires à la raison, au bonheur et à la vertu. On verrait fomenter par les chefs tout ce qui peut affaiblir des hommes rassemblés en les désunissant ; tout ce qui peut donner à la société un air de concorde apparente et y semer un germe de division réelle ; tout ce qui peut inspirer aux différents ordres une défiance et une haine mutuelle par l'opposition de leurs droits et de leurs intérêts, et fortifier par conséquent le pouvoir qui les contient tous.

C'est du sein de ce désordre et de ces révolutions que le despotisme, élevant par degrés sa tête hideuse et dévorant tout ce qu'il aurait aperçu de bon et de sain dans toutes les parties de l'État, parviendrait enfin à fouler aux pieds les lois et le

1. « Si tu m'ordonnes d'enfoncer le glaive dans la poitrine de mon frère et dans la gorge de mon père, ou encore dans les entrailles de mon épouse enceinte, fût-ce à contrecœur, j'accomplirai tout » (Lucain, *La Pharsale*).

peuple, et à s'établir sur les ruines de la république. Les temps qui précéderaient ce dernier changement seraient des temps de troubles et de calamités, mais à la fin tout serait englouti par le monstre et les peuples n'auraient plus de chefs ni de lois, mais seulement des tyrans. Dès cet instant aussi il cesserait d'être question de mœurs et de vertu ; car partout où règne le despotisme, *cui ex honesto nulla est spes*[1], il ne souffre aucun autre maître ; sitôt qu'il parle, il n'y a ni probité ni devoir à consulter, et la plus aveugle obéissance est la seule vertu qui reste aux esclaves.

C'est ici le dernier terme de l'inégalité, et le point extrême qui ferme le cercle et touche au point d'où nous sommes partis. C'est ici que tous les particuliers redeviennent égaux parce qu'ils ne sont rien, et que les sujets n'ayant plus d'autre loi que la volonté du maître, ni le maître d'autre règle que ses passions, les notions du bien et les principes de la justice s'évanouissent derechef. C'est ici que tout se ramène à la seule loi du plus fort et par conséquent à un nouvel état de nature différent de celui par lequel nous avons commencé, en ce que l'un était l'état de nature dans sa pureté, et que ce dernier est le fruit d'un excès de corruption. Il y a si peu de différence d'ailleurs entre ces deux états et le contrat de gouvernement est tellement dissous par le despotisme que le despote n'est le maître qu'aussi longtemps qu'il est le plus fort et que, sitôt qu'on peut l'expulser, il n'a point à réclamer contre la violence. L'émeute qui finit par étrangler ou détrôner un sultan est un acte aussi juridique que ceux par lesquels il disposait la veille des vies et des biens de ses sujets. La seule force le maintenait, la seule force le renverse ; toutes choses se passent ainsi selon l'ordre naturel, et quel que puisse être l'événement de ces courtes et fréquentes révolutions,

1. « Qui ne laisse aucun espoir à l'honnête. »

nul ne peut se plaindre de l'injustice d'autrui, mais seulement de sa propre imprudence, ou de son malheur.

En découvrant et suivant ainsi les routes oubliées et perdues qui de l'état naturel ont dû mener l'homme à l'état civil, en rétablissant, avec les positions intermédiaires que je viens de marquer, celles que le temps qui me presse m'a fait supprimer, ou que l'imagination ne m'a point suggérées, tout lecteur attentif ne pourra qu'être frappé de l'espace immense qui sépare ces deux états. C'est dans cette lente succession des choses qu'il verra la solution d'une infinité de problèmes de morale et de politique que les philosophes ne peuvent résoudre. Il sentira que le genre humain d'un âge n'étant pas le genre humain d'un autre âge, la raison pour quoi Diogène[1] ne trouvait point d'homme, c'est qu'il cherchait parmi ses contemporains l'homme d'un temps qui n'était plus : Caton[2], dira-t-il, périt avec Rome et la liberté, parce qu'il fut déplacé dans son siècle, et le plus grand des hommes ne fit qu'étonner le monde qu'il eût gouverné cinq cents ans plus tôt. En un mot, il expliquera comment l'âme et les passions humaines, s'altérant insensiblement, changent pour ainsi dire de nature ; pourquoi nos besoins et nos plaisirs changent d'objets à la longue ; pourquoi, l'homme originel s'évanouissant par degrés, la société n'offre plus aux yeux du sage qu'un assemblage d'hommes artificiels et de passions factices qui sont l'ouvrage de toutes ces nouvelles relations et n'ont aucun vrai fondement dans la nature. Ce que la réflexion nous apprend là-dessus, l'observation le confirme parfaitement : l'homme sauvage et l'homme policé diffèrent tellement par le fond du cœur et des inclinations que ce qui fait le bonheur suprême de

1. Philosophe grec (413-327 av. J.-C.). Il cherchait un homme en plein jour, une lanterne à la main. \ **2.** Homme politique romain (234-149 av. J.-C.). Il combattit les mœurs décadentes héritées des Grecs et qui, selon lui, portaient atteintes aux vertus romaines traditionnelles.

l'un réduirait l'autre au désespoir. Le premier ne respire que le repos et la liberté, il ne veut que vivre et rester oisif, et l'ataraxie[1] même du stoïcien n'approche pas de sa profonde indifférence pour tout autre objet. Au contraire, le citoyen toujours actif sue, s'agite, se tourmente sans cesse pour chercher des occupations encore plus laborieuses : il travaille jusqu'à la mort, il y court même pour se mettre en état de vivre, ou renonce à la vie pour acquérir l'immortalité. Il fait sa cour aux grands qu'il hait et aux riches qu'il méprise ; il n'épargne rien pour obtenir l'honneur de les servir ; il se vante orgueilleusement de sa bassesse et de leur protection et, fier de son esclavage, il parle avec dédain de ceux qui n'ont pas l'honneur de le partager. Quel spectacle pour un Caraïbe que les travaux pénibles et enviés d'un ministre européen ! Combien de morts cruelles ne préférerait pas cet indolent sauvage à l'horreur d'une pareille vie qui souvent n'est pas même adoucie par le plaisir de bien faire ? Mais pour voir le but de tant de soins, il faudrait que ces mots, *puissance* et *réputation*, eussent un sens dans son esprit, qu'il apprît qu'il y a une sorte d'hommes qui comptent pour quelque chose[2] les regards du reste de l'univers, qui savent être heureux et contents d'eux-mêmes sur le témoignage d'autrui plutôt que sur le leur propre. Telle est, en effet, la véritable cause de toutes ces différences : le sauvage vit en lui-même ; l'homme sociable toujours hors de lui ne fait vivre que dans l'opinion des autres, et c'est, pour ainsi dire, de leur seul jugement qu'il tire le sentiment de sa propre existence. Il n'est pas de mon sujet de montrer comment d'une telle disposition naît tant d'indifférence pour le bien et le mal, avec de si beaux discours de morale ; comment, tout se réduisant aux apparences, tout devient factice et joué ; honneur, amitié, vertu, et souvent jusqu'aux vices mêmes, dont on trouve enfin le secret de se glori-

1. Absence de trouble. \ **2.** Qui accordent de l'importance.

fier ; comment, en un mot, demandant toujours aux autres ce que nous sommes et n'osant jamais nous interroger là-dessus nous-mêmes, au milieu de tant de philosophie, d'humanité, de politesse et de maximes sublimes, nous n'avons qu'un extérieur trompeur et frivole, de l'honneur sans vertu, de la raison sans sagesse, et du plaisir sans bonheur. Il me suffit d'avoir prouvé que ce n'est point là l'état originel de l'homme et que c'est le seul esprit de la société et l'inégalité qu'elle engendre qui changent et altèrent ainsi toutes nos inclinations naturelles.

J'ai tâché d'exposer l'origine et le progrès de l'inégalité, l'établissement et l'abus des sociétés politiques, autant que ces choses peuvent se déduire de la nature de l'homme par les seules lumières de la raison, et indépendamment des dogmes sacrés qui donnent à l'autorité souveraine la sanction du droit divin. Il suit de cet exposé que l'inégalité, étant presque nulle dans l'état de nature, tire sa force et son accroissement du développement de nos facultés et des progrès de l'esprit humain et devient enfin stable et légitime par l'établissement de la propriété et des lois. Il suit encore que l'inégalité morale, autorisée par le seul droit positif[1], est contraire au droit naturel, toutes les fois qu'elle ne concourt pas en même proportion avec l'inégalité physique ; distinction qui détermine suffisamment ce qu'on doit penser à cet égard de la sorte d'inégalité qui règne parmi tous les peuples policés ; puisqu'il est manifestement contre la loi de nature, de quelque manière qu'on la définisse, qu'un enfant commande à un vieillard, qu'un imbécile conduise un homme sage et qu'une poignée de gens regorge de superfluités, tandis que la multitude affamée manque du nécessaire.

1. Droit effectif, hérité de l'histoire.

NOTES DE ROUSSEAU

1*. Dès mon premier pas je m'appuie avec confiance sur une de ces autorités respectables pour les philosophes, parce qu'elles viennent d'une raison solide et sublime qu'eux seuls savent trouver et sentir.

« Quelque intérêt que nous ayons à nous connaître nous-mêmes, je ne sais si nous ne connaissons pas mieux tout ce qui n'est pas nous. Pourvus par la nature d'organes uniquement destinés à notre conservation, nous ne les employons qu'à recevoir les impressions étrangères, nous ne cherchons qu'à nous répandre au-dehors, et à exister hors de nous ; trop occupés à multiplier les fonctions de nos sens et à augmenter l'étendue extérieure de notre être, rarement faisons-nous usage de ce sens intérieur qui nous réduit à nos vraies dimensions et qui sépare de nous tout ce qui n'en est pas. C'est cependant de ce sens dont il faut nous servir, si nous voulons nous connaître ; c'est le seul par lequel nous puissions nous juger. Mais comment donner à ce sens son activité et toute son étendue ? Comment dégager notre âme, dans laquelle il réside, de toutes les illusions de notre esprit ? Nous avons perdu l'habitude de l'employer, elle est demeurée sans exercice au milieu du tumulte de nos sensations corporelles, elle s'est desséchée par le feu de nos passions ; le cœur, l'esprit, le sens, tout a travaillé contre elle. » *Hist. Nat.*, T. 4, p. 151, *De la Nat. de l'homme.*

2*. Les changements qu'un long usage de marcher sur deux pieds a pu produire dans la conformation de l'homme, les rapports qu'on observe encore entre ses bras et les jambes antérieures des quadrupèdes et l'induction tirée de leur manière de marcher ont pu faire naître des doutes sur celle qui devait nous être la plus naturelle. Tous les enfants commencent par marcher à quatre pieds et ont besoin de notre exemple et de nos leçons pour apprendre à se tenir debout. Il y a même des nations sauvages, telles que les Hottentots qui, négligeant beaucoup les enfants, les laissent marcher sur les mains si longtemps qu'ils ont ensuite bien de la peine à les redresser; autant en font les enfants des Caraïbes des Antilles. Il y a divers exemples d'hommes quadrupèdes et je pourrais entre autres citer celui de cet enfant qui fut trouvé, en 1344, auprès de Hesse où il avait été nourri par des loups et qui disait depuis la cour du prince Henri que, s'il n'eût tenu qu'à lui, il eût mieux aimé retourner avec eux que de vivre parmi les hommes. Il avait tellement pris l'habitude de marcher comme ces animaux qu'il fallut lui attacher des pièces de bois qui le forçaient à se tenir debout et en équilibre sur ses deux pieds. Il en était de même de l'enfant qu'on trouva en 1694 dans les forêts de Lituanie et qui vivait parmi les ours. Il ne donnait, dit M. de Condillac, aucune marque de raison, marchait sur ses pieds et sur ses mains, n'avait aucun langage et formait des sons qui ne ressemblaient en rien à ceux d'un homme. Le petit sauvage d'Hanovre qu'on mena il y a plusieurs années à la cour d'Angleterre, avait toutes les peines du monde à s'assujettir à marcher sur deux pieds et l'on trouva en 1719 deux autres sauvages dans les Pyrénées, qui couraient par les montagnes à la manière des quadrupèdes. Quant à ce qu'on pourrait objecter que c'est se priver de l'usage des mains dont nous tirons tant d'avantages, outre que l'exemple des singes montre que la main peut fort bien être employée de deux manières, cela prouverait seulement que l'homme peut donner à ses membres une destination plus commode que celle de la nature, et non que la nature a destiné l'homme à marcher autrement qu'elle ne lui enseigne.

Mais il y a, ce me semble, de beaucoup meilleures raisons à dire pour soutenir que l'homme est un bipède. Premièrement quand on ferait voir qu'il a pu d'abord être conformé autrement que nous le voyons et cependant devenir enfin ce qu'il est, ce n'en serait pas assez pour conclure que cela se soit fait ainsi. Car, après avoir montré la possibilité de ces changements, il faudrait encore, avant que de les admettre, en montrer au moins la vraisemblance. De plus, si les bras de l'homme paraissent avoir pu lui servir de jambes au besoin, c'est la seule observation favorable à ce système, sur un grand nombre d'autres qui lui sont contraires. Les principales sont : que la manière dont la tête de l'homme est attachée à son corps, au lieu de diriger sa vue horizontalement comme l'ont tous les autres animaux, et comme il l'a lui-même en marchant debout, il eût tenu, marchant à quatre pieds, les yeux directement fichés vers la terre, situation très peu favorable à la conservation de l'individu ; que la queue qui lui manque, et dont il n'a que faire marchant à deux pieds, est utile aux quadrupèdes, et qu'aucun d'eux n'en est privé ; que le sein de la femme, très bien situé pour un bipède qui tient son enfant dans ses bras, l'est si mal pour un quadrupède que nul ne l'a placé de cette manière ; que le train de derrière étant d'une excessive hauteur à proportion des jambes de devant, ce qui fait que marchant à quatre pattes nous nous traînons sur les genoux, le tout eût fait un animal mal proportionné et marchant peu commodément ; que s'il eût posé le pied à plat ainsi que la main, il aurait eu dans la jambe postérieure une articulation de moins que les autres animaux, savoir celle qui joint le canon au tibia, et qu'en ne posant que la pointe du pied, comme il aurait sans doute été contraint de faire, le tarse, sans parler de la pluralité des os qui le composent, paraît trop gros pour tenir lieu de canon et ses articulations avec le métatarse et le tibia trop rapproché pour donner à la jambe humaine dans cette situation la même flexibilité qu'ont celles des quadrupèdes. L'exemple des enfants étant pris dans un âge où les forces naturelles ne sont point encore développées ni les membres raffermis, ne conclut rien du tout et j'aimerais autant dire que les chiens ne sont pas destinés à marcher, parce qu'ils ne font que ramper quelques semaines après leur naissance. Les faits particuliers ont encore peu de force contre la pratique universelle de tous les hommes, même des nations qui, n'ayant eu aucune communication avec les autres, n'avaient pu rien imiter d'elles. Un enfant abandonné dans une forêt avant que de pouvoir marcher, et nourri par quelque bête, aura suivi l'exemple de sa nourrice en s'exerçant à marcher comme elle : l'habitude lui aura pu donner les facilités qu'il ne tenait point de la nature ; et comme des manchots parviennent à force d'exercice à faire avec leurs pieds tout ce que nous faisons de nos mains, il sera parvenu enfin à employer ses mains à l'usage des pieds.

3*. S'il se trouvait parmi mes lecteurs quelque assez mauvais physicien pour me faire des difficultés sur la supposition de cette fertilité naturelle de la terre, je vais lui répondre par le passage suivant :

« Comme les végétaux tirent pour leur nourriture beaucoup plus de substance de l'air et de l'eau qu'ils n'en tirent de la terre, il arrive qu'en pourrissant ils rendent à la terre plus qu'ils n'en ont tiré ; d'ailleurs une forêt détermine les eaux de la pluie en arrêtant les vapeurs. Ainsi dans un bois que l'on conserverait bien longtemps sans y toucher, la couche de terre qui sert à la végétation augmenterait considérablement ; mais les animaux rendant moins à la terre qu'ils n'en tirent, et les hommes faisant des consommations énormes de bois et de plantes pour le feu et pour d'autres usages, il s'ensuit que la couche de terre végétale d'un pays habité doit toujours diminuer et devenir enfin comme le terrain de l'Arabie Pétrée, et comme celui de tant d'autres provinces de l'Orient, qui est en effet le climat le plus anciennement habité, où l'on ne trouve que du sel et des sables, car le sel fixe des plantes et des animaux reste, tandis que toutes les autres parties se volatilisent.» M. de Buffon, *Hist. Nat.*

On peut ajouter à cela la preuve de fait par la quantité d'arbres et de plantes de toute espèce, dont étaient remplies presque toutes les îles désertes qui ont été découvertes dans ces derniers siècles, et par ce que l'Histoire nous apprend des forêts immenses qu'il a fallu abattre par toute la terre à mesure qu'elle s'est peuplée ou policée. Sur quoi je ferai encore les trois remarques suivantes. L'une que s'il y a une sorte de végétaux qui puissent compenser la déperdition de matière végétale qui se fait par les animaux, selon le raisonnement de M. de Buffon, ce sont surtout les bois, dont les têtes et les feuilles rassemblent et s'approprient plus d'eaux et de vapeurs que ne font les autres plantes. La seconde, que la destruction du sol, c'est-à-dire la perte de la substance propre à la végétation doit s'accélérer à proportion que la terre est plus cultivée et que les habitants plus industrieux consomment en plus grande abondance ses productions de toute espèce. Ma troisième et plus importante remarque est que les fruits des arbres fournissent à l'animal une nourriture plus abondante que ne peuvent faire les autres végétaux, expérience que j'ai faite moi-même en comparant les produits de deux terrains égaux en grandeur et en qualité, l'un couvert de châtaigniers et l'autre semé de blé.

4*. Parmi les quadrupèdes, les deux distinctions les plus universelles des espèces voraces se tirent, l'une de la figure des dents, et l'autre de la conformation des intestins. Les animaux qui ne vivent que de végétaux ont tous les dents plates, comme le cheval, le bœuf, le mouton, le lièvre, mais les voraces les ont pointues, comme le chat, le chien, le loup, le renard. Et quant aux intestins, les frugivores en ont quelques-uns, tels que le côlon, qui ne se trouvent pas dans les animaux voraces. Il semble donc que l'homme, ayant les dents et les intestins comme les ont les animaux frugivores, devrait naturellement être rangé dans cette classe, et non seulement les observations anatomiques confirment cette opinion ; mais les monuments de l'Antiquité y sont encore très favorables. « Dicéarque, dit saint Jérôme, rapporte dans ses *Livres des antiquités grecques* que sous le règne de Saturne, où la terre était encore fertile par elle-même, nul homme ne mangeait de chair, mais que tous vivaient des fruits et des légumes qui croissaient naturellement. » (Lib. 2. *Adv. Jovinian*) On peut voir par là que je néglige bien des avantages que je pourrais faire valoir. Car la proie étant presque l'unique sujet de combat entre les animaux carnassiers, et les frugivores vivant entre eux dans une paix continuelle, si l'espèce humaine était de ce dernier genre, il est clair qu'elle aurait eu beaucoup plus de facilité à subsister dans l'état de nature, beaucoup moins de besoin et d'occasions d'en sortir.

5*. Toutes les connaissances qui demandent de la réflexion, toutes celles qui ne s'acquièrent que par l'enchaînement des idées et ne se perfectionnent que successivement, semblent être tout à fait hors de la portée de l'homme sauvage, faute de communication avec ses semblables, c'est-à-dire faute de l'instrument qui sert à cette communication et des besoins qui la rendent nécessaire. Son savoir et son industrie se bornent à sauter, courir, se battre, lancer une pierre, escalader un arbre. Mais s'il ne fait que ces choses, en revanche il les fait beaucoup mieux que nous, qui n'en avons pas le même besoin que lui ; et comme elles dépendent uniquement de l'exercice du corps et ne sont susceptibles d'aucune communication ni d'aucun progrès d'un individu à l'autre, le premier homme a pu y être tout aussi habile que ses derniers descendants.

Les relations des voyageurs sont pleines d'exemples de la force et la vigueur des hommes chez les nations barbares et sauvages ; elles ne vantent guère moins leur adresse et leur légèreté ; et comme il ne faut que des yeux pour observer ces choses, rien n'empêche qu'on ajoute foi à ce que certifient là-dessus des témoins oculaires, j'en tire au hasard quelques exemples des premiers livres qui me tombent sous la main. « Les Hottentots, dit Kolben, entendent mieux la pêche que les Européen du Cap. Leur habileté est égale au filet, à l'hameçon et au dard, dans les anses comme dans les rivières. Ils ne prennent pas moins habilement le poisson avec la main. Ils sont d'une adresse incomparable à la nage. Leur manière de nager a quelque chose de surprenant et qui leur est tout à fait propre. Ils nagent le corps droit et les mains étendues hors de l'eau, de sorte qu'ils paraissent marcher sur la terre. Dans la plus grande agitation de la mer et lorsque les flots forment autant de montagnes, ils dansent en quelque sorte sur le dos des vagues, montant et descendant comme un morceau de liège. »

« Les Hottentots, dit encore le même auteur, sont d'une adresse surprenante à la chasse, et la légèreté de leur course passe l'imagination. » Il s'étonne qu'ils ne fassent pas plus souvent un mauvais usage de leur agilité, ce qui leur arrive pourtant quelquefois, comme on peut juger par l'exemple qu'il en donne : « Un matelot hollandais en débarquant au Cap chargea, dit-il, un Hottentot de le suivre à la ville avec un rouleau de tabac d'environ vingt livres. Lorsqu'ils furent tous deux à quelque distance de la troupe, le Hottentot demanda au matelot s'il savait courir. Courir ! répond le Hollandais, oui, fort bien. Voyons, reprit l'Africain, et fuyant avec le tabac, il disparut presque aussitôt. Le matelot confondu de cette merveilleuse vitesse ne pensa point à le poursuivre et ne revit jamais ni son tabac ni son porteur.

« Ils ont la vue si prompte et la main si certaine que les Européens n'en approchent point. À cent pas, ils toucheront d'un coup de pierre une marque de la grandeur d'un demi-sol et ce qu'il y a de plus étonnant, c'est qu'au lieu de fixer comme nous les yeux sur le but, ils font des mouvements et des contorsions continuelles. Il semble que leur pierre soit portée par une main invisible. »

Le P. du Tertre dit à peu près sur les sauvages des Antilles les mêmes choses qu'on vient de lire sur les Hottentots du cap de Bonne-Espérance. Il vante surtout leur justesse à tirer avec leurs flèches les oiseaux au vol et les poissons à la nage, qu'ils prennent ensuite en plongeant. Les sauvages de l'Amérique septentrionale ne sont pas moins célèbres par leur force et leur adresse, et voici un exemple qui pourra faire juger de celles des Indiens de l'Amérique méridionale.

En l'année 1746, un Indien de Buenos Aires, ayant été condamné aux galères à Cadix, proposa au gouverneur de racheter sa liberté en exposant sa vie dans une fête publique. Il promit qu'il attaquerait seul le plus furieux taureau sans autre arme en main qu'une corde, qu'il le terrasserait, qu'il le sellerait, le briderait, le monterait, et combattrait ainsi monté deux autres taureaux des plus furieux qu'on ferait sortir du torillo et qu'il les mettrait tous à mort l'un après l'autre, dans l'instant qu'on lui commanderait et sans le secours de personne ; ce qui lui fut accordé. L'Indien tint parole et réussit dans tout ce qu'il avait promis ; sur la manière dont il s'y prit et sur tout le détail du combat, on peut consulter le premier tome in-12 des *Observations sur l'Histoire naturelle* de M. Gautier, d'où ce fait est tiré p. 262.

6*. « La durée de la vie de chevaux, dit M. de Buffon, est comme dans toutes les autres espèces d'animaux proportionnée à la durée du temps de leur accroissement. L'homme, qui met quatorze ans à croître, peut vivre six ou sept fois autant de temps, c'est-à-dire quatre-vingt-dix ou cent ans, le cheval, dont l'accroissement se fait en quatre ans, peut vivre six ou sept fois autant, c'est-à-dire vingt-cinq ou trente ans. Les exemples qui pourraient être contraires à cette règle sont si rares qu'on ne doit pas même les regarder comme une exception dont on puisse tirer des conséquences ; et comme les gros chevaux prennent leur accroissement en moins de temps que les chevaux fins, ils vivent aussi moins de temps et sont vieux dès l'âge de quinze ans. »

7*. Je crois voir entre les animaux carnassiers et les frugivores une autre différence encore plus générale que celle que j'ai remarquée dans la note (4) puisque celle-ci s'étend jusqu'aux oiseaux. Cette différence consiste dans le nombre des petits, qui n'excède jamais deux à chaque portée, pour les espèces qui ne vivent que de végétaux et qui va ordinairement au-delà de ce nombre pour les animaux voraces. Il est aisé de connaître à cet égard la destination de la nature par le nombre des mamelles, qui n'est que de deux dans chaque femelle de la première espèce, comme la jument, la vache, la chèvre, la biche, la brebis, etc., et qui est toujours de six ou de huit dans les autres femelles, comme la chienne, la chatte, la louve, la tigresse, etc. La poule, l'oie, la cane, qui sont toutes des oiseaux voraces ainsi que l'aigle, l'épervier, la chouette, pondent aussi et couvent un grand nombre d'œufs, ce qui n'arrive jamais à la colombe, à la tourterelle ni aux oiseaux, qui ne mangent absolument que du grain, lesquels ne pondent et ne couvent guère que deux œufs à la fois. La raison qu'on peut donner de cette différence est que les animaux qui ne vivent que d'herbes et de plantes, demeurant presque tout le jour à la pâture et étant forcés d'employer beaucoup de temps à se nourrir, ne pourraient suffire à allaiter plusieurs petits, au lieu que les voraces faisant leur repas presque en un instant peuvent plus aisément et plus souvent retourner à leurs petits et à leur chasse et réparer la dissipation d'une si grande quantité de lait. Il y aurait à tout ceci bien des observations particulières et des réflexions à faire ; mais ce n'en est pas ici le lieu et il me suffit d'avoir montré dans cette partie le système le plus général de la nature, système qui fournit une nouvelle raison de tirer l'homme de la classe des animaux carnassiers et de le ranger parmi les espèces frugivores.

8*. Un auteur célèbre, calculant les biens et les maux de la vie humaine et comparant les deux sommes, a trouvé que la dernière surpassait l'autre de beaucoup et qu'à tout prendre la vie était pour l'homme un assez mauvais présent. Je ne suis point surpris de sa conclusion ; il a tiré tous ses raisonnements de la constitution de l'homme civil : s'il fût remonté jusqu'à l'homme naturel, on peut juger qu'il eût trouvé des résultats très différents, qu'il eût aperçu que l'homme n'a guère de maux que ceux qu'il s'est donnés lui-même et que la nature eût été justifiée. Ce n'est pas sans peine que nous sommes parvenus à nous rendre si malheureux. Quand d'un côté l'on considère les immenses travaux des hommes, tant de sciences approfondies, tant d'arts inventés, tant de forces employées, des abîmes comblés, des montagnes rasées, des rochers brisés, des fleuves rendus navigables, des terres défrichées, des lacs creusés, des marais desséchés, des bâtiments énormes élevés sur la terre, la mer couverte de vaisseaux et de matelots, et que de l'autre on recherche avec un peu de méditation les vrais avantages qui ont résulté de tout cela pour le bonheur de l'espèce humaine, on ne peut qu'être frappé de l'étonnante disproportion qui règne entre ces choses et déplorer l'aveuglement de l'homme qui, pour nourrir son fol orgueil et je ne sais quelle vaine admiration de lui-même, le fait courir avec ardeur après toutes les misères dont il est susceptible, et que la bienfaisante nature avait pris soin d'écarter de lui.

Les hommes sont méchants ; une triste et continuelle expérience dispense de la preuve ; cependant l'homme est naturellement bon, je crois l'avoir démontré ; qu'est-ce donc qui peut l'avoir dépravé à ce point sinon les changements survenus dans sa constitution, les progrès qu'il a faits et les connaissances qu'il a acquises ? Qu'on admire tant qu'on voudra la société humaine, il n'en sera pas moins vrai qu'elle porte nécessairement les hommes à s'entre-haïr à proportion que leurs intérêts se croisent, à se rendre mutuellement des services apparents et à se faire en effet tous les maux imaginables. Que peut-on penser d'un commerce où la raison de chaque particulier lui dicte des maximes directement contraires à celles que la raison publique prêche au corps de la société et où chacun trouve son compte dans le malheur d'autrui ? Il n'y a peut-être pas un homme aisé à qui des héritiers avides et souvent ses propres enfants ne souhaitent la mort en secret, pas un vaisseau en mer dont le naufrage ne fut une bonne nouvelle pour quelque négociant, pas une maison qu'un débiteur ne voulût voir brûler avec tous les papiers qu'elle contient ; pas un peuple qui ne se réjouisse des désastres de ses voisins. C'est ainsi que nous trouvons notre avantage dans le préjudice de nos semblables et que la perte de l'un fait presque toujours la prospérité de l'autre, mais ce qu'il y a de plus dangereux encore, c'est que les calamités publiques sont l'attente et l'espoir d'une multitude de particuliers. Les uns veulent des maladies, d'autres la mortalité, d'autres la guerre, d'autres la famine ; j'ai vu des hommes affreux pleurer de douleur aux apparences d'une année fertile, et le grand et funeste incendie de Londres, qui coûta la vie ou les biens à tant de malheureux, fit peut être la fortune à plus de dix mille personnes. Je sais que Montaigne blâme l'Athénien Démades d'avoir fait punir un ouvrier qui vendant fort cher des cercueils gagnait beaucoup à la mort des citoyens, mais la raison que Montaigne allègue étant qu'il faudrait punir tout le monde, il est évident qu'elle confirme les miennes. Qu'on pénètre donc au travers de nos frivoles démonstrations de bienveillance ce qui se passe au fond des cœurs et qu'on réfléchisse à ce que doit être un état de choses où tous les hommes sont forcés de se caresser et de se détruire mutuellement et où ils naissent ennemis par devoir et fourbes par intérêt. Si l'on me répond que la société est tellement constituée que chaque homme gagne à servir les autres, je répliquerai que cela serait fort bien s'il ne gagnait encore plus à leur nuire. Il n'y a point de profit si légitime qui ne soit surpassé par celui qu'on peut faire illégitimement et le tort fait au prochain est toujours plus lucratif que les services. Il ne s'agit donc plus que de trouver les moyens de s'assurer l'impunité, et c'est à quoi les puissants emploient toutes leurs forces, et les faibles toutes leurs ruses.

L'homme sauvage, quand il a dîné, est en paix avec toute la nature, et l'ami de tous ses semblables. S'agit-il quelquefois de disputer son repas ? Il n'en vient jamais aux coups sans avoir auparavant comparé la difficulté de vaincre avec celle de trouver ailleurs sa subsistance et comme l'orgueil ne se mêle pas du combat, il se termine par quelques coups de poing. Le vainqueur mange, le vaincu va chercher fortune, et tout est pacifié. Mais chez l'homme en société, ce sont bien d'autres affaires ; il s'agit premièrement de pourvoir au nécessaire, et puis au superflu ; ensuite viennent les délices, et puis les immenses richesses, et puis des sujets, et puis des esclaves ; il n'y a pas un moment de relâche ; ce qu'il y a de singulier, c'est que moins les besoins sont naturels et pressants, plus les passions augmentent, et, qui pis est, le pouvoir de les satisfaire ; de sorte qu'après de longues prospérités, après avoir englouti bien des trésors et désolé bien des hommes, mon héros finira par tout égorger jusqu'à ce qu'il soit l'unique maître de l'univers. Tel est en abrégé le tableau moral, sinon de la vie humaine, au moins des prétentions secrètes du cœur de tout homme civilisé.

Comparez sans préjugés l'état de l'homme civil avec celui de l'homme sauvage et recherchez, si vous le pouvez, combien, outre sa méchanceté, ses besoins et ses misères, le premier a ouvert de nouvelles portes à la douleur et à la mort. Si vous considérez les peines d'esprit qui nous consument, les passions violentes qui nous épuisent et nous désolent, les travaux excessifs dont les pauvres sont surchargés, la mollesse encore plus dangereuse à laquelle les riches s'abandonnent, et qui font mourir les uns de leurs besoins et les autres de leurs excès, si vous songez aux monstrueux mélanges des aliments, à leurs pernicieux assaisonnements, aux denrées corrompues, aux drogues falsifiées, aux friponneries de ceux qui les vendent, aux erreurs de ceux qui les administrent, au poison des vaisseaux dans lesquels on les prépare, si vous faites attention aux maladies épidémiques engendrées par le mauvais air parmi des multitudes d'hommes rassemblés, à celles qu'occasionnent la délicatesse de notre manière de vivre, les passages alternatifs de l'intérieur de nos maisons au grand air, l'usage des habillements pris ou quittés avec trop peu de précaution, et tous les soins que notre sensualité excessive a tournés en habitudes nécessaires et dont la négligence ou la privation nous coûte ensuite la vie ou la santé, si vous mettez en ligne de compte les incendies et les tremblements de terre qui, consumant ou renversant des villes entières, en font périr les habitants par milliers, en un mot, si vous réunissez les dangers que toutes ces causes assemblent continuellement sur nos têtes, vous sentirez combien la nature nous fait payer cher le mépris que nous avons fait de ses leçons.

Je ne répéterai point ici sur la guerre ce que j'en ai dit

ailleurs ; mais je voudrais que les gens instruits voulussent ou osassent donner une fois au public le détail des horreurs qui se commettent dans les armées par les entrepreneurs des vivres et des hôpitaux, on verrait que leurs manœuvres non trop secrètes par lesquelles les plus brillantes armées se fondent en moins de rien font plus périr de soldats que n'en moissonne le fer ennemi. C'est encore un calcul non moins étonnant que celui des hommes que la mer engloutit tous les ans, soit par la faim, soit par le scorbut, soit par les pirates, soit par le feu, soit par les naufrages. Il est clair qu'il faut mettre aussi sur le compte de la propriété établie, et par conséquent de la société, les assassinats, les empoisonnements, les vols de grands chemins et les punitions mêmes de ces crimes, punitions nécessaires pour prévenir de plus grands maux, mais qui, pour le meurtre d'un homme coûtant la vie à deux ou davantage, ne laissent pas de doubler réellement la perte de l'espèce humaine. Combien de moyens honteux d'empêcher la naissance des hommes et de tromper la nature ? Soit par ces goûts brutaux et dépravés qui insultent son plus charmant ouvrage, goûts que les sauvages ni les animaux ne connurent jamais, et qui ne sont nés dans les pays policés que d'une imagination corrompue, soit par ces avortements secrets, dignes fruits de la débauche et de l'honneur vicieux, soit par l'exposition ou le meurtre d'une multitude d'enfants, victimes de la misère de leurs parents ou de la honte barbare de leurs mères ; soit enfin par la mutilation de ces malheureux dont une partie de l'existence et toute la postérité sont sacrifiées à de vaines chansons, ou, ce qui est pis encore, à la brutale jalousie de quelques hommes, mutilation qui dans ce dernier cas outrage doublement la nature, et par le traitement que reçoivent ceux qui la souffrent, et par l'usage auquel ils sont destinés. Que serait-ce si j'entreprenais de montrer l'espèce humaine attaquée dans sa source même, et jusque dans le plus saint de tous les liens, où l'on n'ose plus écouter la nature qu'après avoir consulté la fortune et où, le désordre civil confondant les vertus et les vices, la continence devient une précaution criminelle, et le refus de donner la vie à son semblable, un acte d'humanité ? Mais sans déchirer le voile qui couvre tant d'horreurs, contentons-nous d'indiquer le mal auquel d'autres doivent apporter le remède.

Qu'on ajoute à tout cela cette quantité de métiers malsains qui abrègent les jours ou détruisent le tempérament ; tels que sont les travaux des mines, les diverses préparations des métaux, des minéraux, surtout du plomb, du cuivre, du mercure, du cobalt, de l'arsenic, du réalgar ; ces autres métiers périlleux qui coûtent tous les jours la vie à quantité d'ouvriers, les uns couvreurs, d'autres charpentiers, d'autres maçons, d'autres travaillant aux carrières ; qu'on réunisse, dis-je, tous ces objets, et l'on pourra voir dans l'établissement et la perfection des sociétés les raisons de la diminution de l'espèce, observée par plus d'un philosophe.

Le luxe, impossible à prévenir chez des hommes avides de leurs propres commodités et de la considération des autres, achève bientôt le mal que les sociétés ont commencé, et sous prétexte de faire vivre les pauvres qu'il n'eût pas fallu faire, il appauvrit tout le reste et dépeuple l'État tôt ou tard.

Le luxe est un remède beaucoup pire que le mal qu'il prétend guérir, ou plutôt, il est lui-même le pire de tous les maux, dans quelque État grand ou petit que ce puisse être, et qui, pour nourrir des foules de valets et de misérables qu'il a faits, accable et ruine le laboureur et le citoyen. Semblable à ces vents brûlants du midi qui, couvrant l'herbe et la verdure d'insectes dévorants, ôtent la subsistance aux animaux utiles et portent la disette et la mort dans tous les lieux où ils se font sentir.

De la société et du luxe qu'elle engendre, naissent les arts libéraux et mécaniques, le commerce, les lettres ; et toutes ces inutilités, qui font fleurir l'industrie, enrichissent et perdent les États. La raison de ce dépérissement est très simple. Il est aisé de voir que par sa nature l'agriculture doit être le moins lucratif de tous les arts ; parce que son produit étant de l'usage le plus indispensable pour tous les hommes, le prix en doit être proportionné aux facultés des plus pauvres. Du même principe on peut tirer cette règle, qu'en général les arts sont lucratifs en raison inverse de leur utilité et que les plus nécessaires doivent enfin devenir les plus négligés. Par où l'on voit ce qu'il faut penser des vrais avantages de l'industrie et de l'effet réel qui résulte de ses progrès.

Telles sont les causes sensibles de toutes les misères où l'opulence précipite enfin les nations les plus admirées. À mesure que l'industrie et les arts s'étendent et fleurissent, le cultivateur méprisé, chargé d'impôts nécessaires à l'entretien du luxe et condamné à passer sa vie entre le travail et la faim, abandonne ses champs, pour aller chercher dans les villes le pain qu'il y devrait porter. Plus les capitales frappent d'admiration les yeux stupides du peuple, plus il faudrait gémir de voir les campagnes abandonnées, les terres en friche, et les grands chemins inondés de malheureux citoyens devenus mendiants ou voleurs et destinés à finir un jour leur misère sur la roue ou sur un fumier. C'est ainsi que l'État, s'enrichissant d'un côté, s'affaiblit et se dépeuple de l'autre, et que les plus puissantes monarchies, après bien des travaux pour se rendre opulentes et désertes, finissent par devenir la proie des nations pauvres qui succombent à la funeste tentation de les envahir, et qui s'enrichissent et s'affaiblissent à leur tour, jusqu'à ce qu'elles soient elles-mêmes envahies et détruites par d'autres.

Qu'on daigne nous expliquer une fois ce qui avait pu produire ces nuées de barbares qui durant tant de siècles ont inondé l'Europe, l'Asie et l'Afrique ? Était-ce à l'industrie de leurs arts, à la sagesse de leurs lois, à l'excellence de leur police, qu'ils devaient cette prodigieuse population ? Que nos savants veuillent bien nous dire pourquoi, loin de multiplier à ce point, ces hommes féroces et brutaux, sans lumières, sans frein, sans éducation, ne s'entr'égorgeaient pas tous à chaque instant, pour se disputer leur pâture ou leur chasse ? Qu'ils nous expliquent comment ces misérables ont eu seulement la hardiesse de regarder en face de si habiles gens que nous étions, avec une si belle discipline militaire, de si beaux codes, et de si sages lois ? Enfin, pourquoi, depuis que la société s'est perfectionnée dans les pays du Nord et qu'on y a tant pris de peine pour apprendre aux hommes leurs devoirs mutuels et l'art de vivre agréablement et paisiblement ensemble, on n'en voit plus rien sortir de semblable à ces multitudes d'hommes qu'il produisait autrefois ? J'ai bien peur que quelqu'un ne s'avise à la fin de me répondre que toutes ces grandes choses, savoir les arts, les sciences et les lois, ont été très sagement inventées par les hommes, comme une peste salutaire pour prévenir l'excessive multiplication de l'espèce, de peur que ce monde, qui nous est destiné, ne devînt à la fin trop petit pour ses habitants.

Quoi donc ? Faut-il détruire les sociétés, anéantir le tien et le mien et retourner vivre dans les forêts avec les ours ? Conséquence à la manière de mes adversaires, que j'aime autant prévenir que de leur laisser la honte de la tirer. Ô vous, à qui la voix céleste ne s'est point fait entendre et qui ne reconnaissez pour votre espèce d'autre destination que d'achever en paix cette courte vie, vous qui pouvez laisser au milieu des villes vos funestes acquisitions, vos esprits inquiets, vos cœurs corrompus et vos désirs effrénés, reprenez, puisqu'il dépend de vous, votre antique et première innocence ; allez dans les bois perdre la vue et la mémoire des crimes de vos contemporains et ne craignez point d'avilir votre espèce, en renonçant à ses lumières pour renoncer à ses vices. Quant aux hommes semblables à moi dont les passions ont détruit pour toujours l'originelle simplicité, qui ne peuvent plus se nourrir d'herbe et de gland, ni se passer de lois et de chefs, ceux qui furent honorés dans leur premier Père de leçons surnaturelles, ceux qui verront dans l'intention de donner d'abord aux actions humaines une moralité qu'elles n'eussent de longtemps acquise, la raison d'un précepte indifférent par lui-même et inexplicable dans tout autre système ; ceux, en un mot, qui sont convaincus que la voix divine appela tout le genre humain aux lumières et au bonheur des célestes intelligences, tous ceux-là tâcheront, par l'exercice des vertus qu'ils s'obligent à pratiquer en apprenant à les connaître, à mériter le prix éternel qu'ils en doivent attendre ; ils respecteront les sacrés liens des sociétés dont ils sont les membres ; ils aimeront leurs semblables et les serviront de tout leur pouvoir ; ils obéiront scrupuleusement aux lois et aux hommes qui en sont les auteurs et les ministres, ils honoreront surtout les bons et sages princes qui sauront prévenir, guérir ou pallier cette foule d'abus et de maux toujours prêts à nous accabler, ils animeront le zèle de ces dignes chefs, en leur montrant sans crainte et sans flatterie la grandeur de leur tâche et la rigueur de leur devoir ; mais ils n'en mépriseront pas moins une constitution qui ne peut se maintenir qu'à l'aide de tant de gens respectables qu'on désire plus souvent qu'on ne les obtient et de laquelle, malgré tous leurs soins, naissent toujours plus de calamités réelles que d'avantages apparents.

9*. Parmi les hommes que nous connaissons, ou par nous-mêmes, ou par les historiens, ou par les voyageurs, les uns sont noirs, les autres blancs, les autres rouges, les uns portent de longs cheveux, les autres n'ont que de la laine frisée ; les uns sont presque tout velus, les autres n'ont pas même de barbe ; il y a eu et il y a peut-être encore des nations d'hommes d'une taille gigantesque, et laissant à part la fable des Pygmées qui peut bien n'être qu'une exagération, on sait que les Lapons et surtout les Groenlandais sont fort au dessous de la taille moyenne de l'homme ; on prétend même qu'il y a des peuples entiers qui ont des queues comme les quadrupèdes, et sans ajouter une foi aveugle aux relations d'Hérodote et de Ctésias, on en peut du moins tirer cette opinion très vraisemblable, que si l'on avait pu faire de bonnes observations dans ces temps anciens où les peuples divers suivaient des manières de vivre plus différentes entre elles qu'ils ne font aujourd'hui, on y aurait aussi remarqué dans la figure et l'habitude du corps, des variétés beaucoup plus frappantes. Tous ces faits dont il est aisé de fournir des preuves incontestables, ne peuvent surprendre que ceux qui sont accoutumés à ne regarder que les objets qui les environnent et qui ignorent les puissants effets de la diversité des climats, de l'air, des aliments, de la manière de vivre, des habitudes en général, et surtout la force étonnante des mêmes causes, quand elles agissent continuellement sur de longues suites de générations. Aujourd'hui que le commerce, les voyages et les conquêtes réunissent davantage les peuples divers, et que leurs manières de vivre se rapprochent sans cesse par la fréquence communication, on s'aperçoit que certaines différences nationales ont diminué, et par exemple, chacun peut remarquer que les Français d'aujourd'hui ne sont plus ces grands corps blancs et blonds décrits par les historiens latins, quoique le temps joint au mélange des Francs et des Normands, blancs et blonds eux-mêmes, eût dû rétablir ce que la fréquentation des Romains avait pu ôter à l'influence du climat, dans la constitution naturelle et le teint des habitants. Toutes ces observations sur les variétés que mille causes peuvent produire et ont produit en effet dans l'espèce humaine me font douter si divers animaux semblables aux hommes, pris par les voyageurs pour des bêtes sans beaucoup d'examen, ou à cause de quelques différences qu'ils remarquaient dans la conformation extérieure, ou seulement parce que ces animaux ne parlaient pas, ne seraient point en effet de véritables hommes sauvages, dont la race dispersée anciennement dans les bois n'avait eu occasion de développer aucune de ses facultés virtuelles, n'avait acquis aucun degré de perfection et se trouvait encore dans l'état primitif de nature. Donnons un exemple de ce que je veux dire.

«On trouve, dit le traducteur de l'*Histoire des voyages*, dans le royaume du Congo quantité de ces grands animaux qu'on nomme *Orang-Outang* aux Indes orientales, qui tiennent comme le milieu entre l'espèce humaine et les babouins. Battel raconte que dans les forêts de Mayomba au royaume de Loango, on voit deux sortes de monstres dont les plus grands se nomment *Pongos* et les autres *Enjokos*. Les premiers ont une ressemblance exacte avec l'homme; mais ils sont beaucoup plus gros, et de fort haute taille. Avec un visage humain, ils ont les yeux fort enfoncés. Leurs mains, leurs joues, leurs oreilles sont sans poil, à l'exception des sourcils qu'ils ont fort longs. Quoiqu'ils aient le reste du corps assez velu, le poil n'en est pas fort épais, et sa couleur est brune. Enfin, la seule partie qui les distingue des hommes est la jambe qu'ils ont sans mollet. Ils marchent droits en se tenant de la main le poil du cou; leur retraite est dans les bois; ils dorment sur les arbres et s'y font une espèce de toit qui les met à couvert de la pluie. Leurs aliments sont des fruits ou des noix sauvages. Jamais ils ne mangent de chair. L'usage des Nègres qui traversent les forêts est d'y allumer des feux pendant la nuit. Ils remarquent que le matin à leur départ les pongos prennent leur place autour du feu et ne se retirent pas qu'il ne soit éteint: car avec beaucoup d'adresse, ils n'ont point assez de sens pour l'entretenir en y apportant du bois.

«Ils marchent quelquefois en troupes et tuent les Nègres qui traversent les forêts. Ils tombent même sur les éléphants qui viennent paître dans les lieux qu'ils habitent et les incommodent si fort à coups de poing ou de bâton qu'ils les forcent à prendre la fuite en poussant des cris. On ne prend jamais de pongos en vie; parce qu'ils sont si robustes que dix hommes ne suffiraient pas pour les arrêter. Mais les Nègres en prennent quantité de jeunes après avoir tué la mère, au corps de laquelle le petit s'attache fortement : lorsqu'un de ces animaux meurt, les autres couvrent son corps d'un amas de branches ou de feuillages. Purchass ajoute que dans les conversations qu'il avait eues avec Battel, il avait appris de lui-même qu'un pongo lui enleva un petit Nègre qui passa un mois entier dans la société de ces animaux ; car ils ne font aucun mal aux hommes qu'ils surprennent, du moins lorsque ceux-ci ne les regardent point, comme le petit Nègre l'avait observé. Battel n'a point décrit la seconde espèce de monstre.

« Dapper confirme que le royaume du Congo est plein de ces animaux qui portent aux Indes le nom d'orang-outang, c'est-à-dire habitant des bois, et que les Africains nomment Quojas-Morros. Cette bête, dit-il, est si semblable à l'homme qu'il est tombé dans l'esprit à quelques voyageurs qu'elle pouvait être sortie d'une femme et d'un singe ; chimère que les Nègres mêmes rejettent. Un de ces animaux fut transporté de Congo en Hollande et présenté au prince d'Orange Frédéric-Henri. Il était de la hauteur d'un enfant de trois ans et d'un embonpoint médiocre, mais carré et bien proportionné, fort agile et fort vif ; les jambes charnues et robustes, tout le devant du corps nu, mais de derrière couvert de poils noirs. À la première vue, son visage ressemblait à celui d'un homme, mais il avait le nez plat et recourbé ; ses oreilles étaient aussi celles de l'espèce humaine ; son sein, car c'était une femelle, était potelé, son nombril enfoncé, ses épaules fort bien jointes, ses mains divisées en doigts et en pouces, ses mollets et ses talons gras et charnus. Il marchait souvent droit sur ses jambes. Il était capable de lever et porter des fardeaux assez lourds. Lorsqu'il voulait boire, il prenait d'une main le couvercle du pot, et tenait le fond, de l'autre. Ensuite il s'essuyait gracieusement les lèvres. Il se couchait pour dormir, la tête sur un coussin, se couvrant avec tant d'adresse qu'on l'aurait pris pour un homme au lit. Les Nègres font d'étranges récits de cet animal. Ils assurent non seulement qu'il force les femmes et les filles, mais qu'il ose attaquer des hommes armés. En un mot il y a beaucoup d'apparence que c'est le satyre des Anciens. Merolla ne parle peut-être que de ces animaux lorsqu'il raconte que les Nègres prennent quelquefois dans leurs chasses des hommes et des femmes sauvages. »

Il est encore parlé de ces espèces d'animaux anthropoformes dans le troisième tome de la même *Histoire des voyages* sous le nom de *Beggos* et de *Mandrills* ; mais pour nous en tenir aux relations précédentes on trouve dans la description de ces prétendus monstres des conformités frappantes avec l'espèce humaine, et des différences moindres que celles qu'on pourrait assigner d'homme à homme. On ne voit point dans ces passages les raisons sur lesquelles les auteurs se fondent pour refuser aux animaux en question le nom d'hommes sauvages, mais il est aisé de conjecturer que c'est à cause de leur stupidité, et aussi parce qu'ils ne parlaient pas ; raisons faibles pour ceux qui savent que quoique l'organe de la parole soit naturel à l'homme, la parole elle-même ne lui est pourtant pas naturelle, et qui connaissent jusqu'à quel point sa perfectibilité peut avoir élevé l'homme civil au dessus de son état originel. Le petit nombre de lignes que contiennent ces descriptions nous peut faire juger combien ces animaux ont été mal observés et avec quels préjugés ils ont été vus. Par exemple, ils sont qualifiés de monstres, et cependant on convient qu'ils engendrent. Dans un endroit Battel dit que les pongos tuent les Nègres qui traversent les forêts, dans un autre Purchass ajoute qu'ils ne leur font aucun mal, même quand ils les surprennent ; du moins lorsque les Nègres ne s'attachent pas à les regarder. Les pongos s'assemblent autour des feux allumés par les Nègres, quand ceux-ci se retirent, et se retirent à leur tour quand le feu est éteint ; voilà le fait ; voici maintenant le commentaire de l'observateur : *Car avec beaucoup d'adresse, ils n'ont pas assez de sens pour l'entretenir en y apportant du bois*. Je voudrais deviner comment Battel ou Purchass son compilateur a pu savoir que la retraite des pongos était un effet de leur bêtise plutôt que de leur volonté. Dans un climat tel que Loango, le feu n'est pas une chose fort nécessaire aux animaux, et si les Nègres en allument, c'est moins contre le froid que pour effrayer les bêtes féroces ; il est donc très simple qu'après avoir été quelque temps réjouis par la flamme ou s'être bien réchauffés, les pongos s'ennuient de rester toujours à la même place et s'en aillent à leur pâture, qui demande plus de temps que s'ils mangeaient de la chair. D'ailleurs, on sait que la plupart des animaux, sans en excepter l'homme, sont naturellement paresseux, et qu'ils se refusent à toutes sortes de soins qui ne sont pas d'une absolue nécessité. Enfin il paraît fort étrange que les pongos dont on vante l'adresse et la force, les pongos qui savent enterrer leurs morts et se faire des toits de branchages, ne sachent pas pousser des tisons dans le feu. Je me souviens d'avoir vu un singe faire cette même manœuvre qu'on ne veut pas que les pongos puissent faire ; il est vrai que mes idées n'étant pas alors tournées de ce côté, je fis moi-même la faute que je reproche à nos voyageurs, et je négligeai d'examiner si l'intention du singe était en effet d'entretenir le feu, ou simplement, comme je crois, d'imiter l'action d'un homme. Quoi qu'il en soit, il est bien démontré que le singe n'est pas une variété de l'homme, non seulement parce qu'il est privé de la faculté de parler, mais surtout parce qu'on est sûr que son espèce n'a point celle de se perfectionner qui est le caractère spécifique de l'espèce humaine. Expériences qui ne paraissent pas avoir été faites sur le pongo et l'orang-outang avec assez de soin pour en pouvoir tirer la même conclusion. Il y aurait pourtant un moyen par lequel, si l'orang-outang ou d'autres étaient de l'espèce humaine, les observateurs les plus grossiers pourraient s'en assurer même avec démonstration ; mais outre qu'une seule génération ne suffirait pas pour cette expérience, elle doit passer pour impraticable, parce qu'il faudrait que ce qui n'est qu'une supposition fût démontré vrai, avant que l'épreuve qui devrait constater le fait pût être tentée innocemment. Les jugements précipités, et qui ne sont point le fruit d'une raison éclairée, sont sujets à donner dans l'excès. Nos voyageurs font sans façon des bêtes sous les noms de *Pongos*, de *Mandrills*, d'*Orang-Outang* de ces mêmes êtres dont sous le nom de *Satyres*, de *Faunes*, de *Sylvains*, les Anciens faisaient des divinités. Peut-être après des recherches plus exactes trouvera-t-on que ce sont des hommes. En attendant, il me paraît qu'il y a bien autant de raison de s'en rapporter là-dessus à Merolla, religieux lettré, témoin oculaire, et qui avec toute sa naïveté ne laissait pas d'être homme d'esprit, qu'au marchand Battel, à Dapper, à Purchass et aux autres compilateurs.

Quel jugement pense-t-on qu'eussent porté de pareils observateurs sur l'enfant trouvé en 1694 dont j'ai déjà parlé ci-devant, qui ne donnait aucune marque de raison, marchait sur ses pieds et sur ses mains, n'avait aucun langage et formait des sons qui ne ressemblaient en rien à ceux d'un homme ? Il fut longtemps, continue le même philosophe qui me fournit ce fait, avant de pouvoir proférer quelques paroles, encore le fit-il d'une manière barbare. Aussitôt qu'il put parler, on l'interrogea sur son premier état, mais il ne s'en souvint non plus que nous nous souvenons de ce qui nous est arrivé au berceau. Si malheureusement pour lui cet enfant fût tombé dans les mains de nos voyageurs, on ne peut douter qu'après avoir remarqué son silence et sa stupidité, ils n'eussent pris le parti de le renvoyer dans les bois ou de l'enfermer dans une ménagerie ; après quoi il en auraient savamment parlé dans de belles relations, comme d'une bête fort curieuse qui ressemblait assez à l'homme.

Depuis trois ou quatre cents ans que les habitants de

l'Europe inondent les autres parties du monde et publient sans cesse de nouveaux recueils de voyages et des relations, je suis persuadé que nous ne connaissons d'hommes que les seuls Européens ; encore paraît-il aux préjugés ridicules qui ne sont pas éteints, même parmi les gens de lettres, que chacun ne fait guère sous le nom pompeux d'étude de l'homme que celle des hommes de son pays. Les particuliers ont beau aller et venir, il semble que la philosophie ne voyage point, aussi celle de chaque peuple est-elle peu propre pour un autre. La cause de ceci est manifeste, au moins pour les contrées éloignées ; il n'y a guère que quatre sortes d hommes qui fassent des voyages de long cours : les marins, les marchands, les soldats et les missionnaires. Or, on ne doit guère s'attendre que les trois premières classes fournissent de bons observateurs et quant à ceux de la quatrième, occupés de la vocation sublime qui les appelle, quand ils ne seraient pas sujets à des préjugés d'état comme tous les autres, on doit croire qu'ils ne se livreraient pas volontiers à des recherches qui paraissent de pure curiosité et qui les détourneraient des travaux plus importants auxquels ils se destinent. D'ailleurs, pour prêcher utilement l'Évangile, il ne faut que du zèle et Dieu donne le reste, mais pour étudier les hommes, il faut des talents que Dieu ne s'engage à donner à personne et qui ne sont pas toujours le partage des saints. On n'ouvre pas un livre de voyages où l'on ne trouve des descriptions de caractères et de mœurs ; mais on est tout étonné d'y voir que ces gens qui ont tant décrit de choses, n'ont dit que ce que chacun savait déjà, n'ont su apercevoir à l'autre bout du monde que ce qu'il n'eût tenu qu'à eux de remarquer sans sortir de leur rue, et que ces traits vrais qui distinguent les nations, et qui frappent les yeux faits pour voir ont presque toujours échappé aux leurs. De là est venu ce bel adage de morale, si rebattu par la tourbe philosophesque, que les hommes sont partout les mêmes, qu'ayant partout les mêmes passions et les mêmes vices, il est assez inutile de chercher à caractériser les différents peuples; ce qui est à peu près aussi bien raisonné que si l'on disait qu'on ne saurait distinguer Pierre d'avec Jacques, parce qu'ils ont tous deux un nez, une bouche et des yeux.

Ne verra-t-on jamais renaître ces temps heureux où les peuples ne se mêlaient point de philosopher, mais où les Platon, les Thalès et les Pythagore épris d'un ardent désir de savoir, entreprenaient les plus grands voyages uniquement pour s'instruire, et allaient au loin secouer le joug des préjugés nationaux, apprendre à connaître les hommes par leurs conformités et par leurs différences et acquérir ces connaissances universelles qui ne sont point celles d'un siècle ou d'un pays exclusivement mais qui, étant de tous les temps et de tous les lieux, sont pour ainsi dire la science commune des sages ?

On admire la magnificence de quelques curieux qui ont fait ou fait faire à grands frais des voyages en Orient avec des savants et des peintres, pour y dessiner des masures et déchiffrer ou copier des inscriptions: mais j'ai peine à concevoir comment dans un siècle où l'on se pique de belles connaissances il ne se trouve pas deux hommes bien unis, riches, l'un en argent, l'autre en génie, tous deux aimant la gloire et aspirant à l'immortalité, dont l'un sacrifie vingt mille écus de son bien et l'autre dix ans de sa vie à un célèbre voyage autour du monde; pour y étudier, non toujours des pierres et des plantes, mais une fois les hommes et les mœurs, et qui, après tant de siècles employés à mesurer et considérer la maison, s'avisent enfin d'en vouloir connaître les habitants.

Les académiciens qui ont parcouru les parties septentrionales de l'Europe et méridionales de l'Amérique avaient plus pour objet de les viser en géomètres qu'en philosophes. Cependant, comme ils étaient à la fois l'un et l'autre, on ne peut pas regarder comme tout à fait inconnues les régions qui ont été vues et décrites par les La Condamine et les Maupertuis. Le joaillier Chardin, qui a voyagé comme Platon, n'a rien laissé à dire sur la Perse ; la Chine paraît avoir été bien observée par les Jésuites. Kempfer donne une idée passable du peu qu'il a vu dans le Japon. À ces relations près, nous ne connaissons point les peuples des Indes orientales, fréquentées uniquement par des Européens plus curieux de remplir leurs bourses que leurs têtes. L'Afrique entière et ses nombreux habitants, aussi singuliers par leur caractère que par leur couleur, sont encore à examiner ; toute la terre est couverte de nations dont nous ne connaissons que les noms, et nous nous mêlons de juger le genre humain ! Supposons un Montesquieu, un Buffon, un Diderot, un Duclos, un d'Alembert, un Condillac, ou des hommes de cette trempe, voyageant pour instruire leurs compatriotes, observant et décrivant comme ils savent faire, la Turquie, l'Égypte, la Barbarie, l'empire du Maroc, la Guinée, le pays des Cafres, l'intérieur de l'Afrique et ses côtes orientales, les Malabares, le Mogol, les rives du Gange, les royaumes de Siam, de Pegu et d'Ava, la Chine, la Tartarie, et surtout le Japon ; puis dans l'autre hémisphère le Mexique, le Pérou, le Chili, les Terres magellaniques, sans oublier les Patagons vrais ou faux, le Tucuman, le Paraguay s'il était possible, le Brésil, enfin les Caraïbes, la Floride et toutes les contrées sauvages, voyage le plus important de tous et celui qu'il faudrait faire avec le plus de soin ; supposons que ces nouveaux Hercules, de retour de ces courses mémorables, fissent ensuite à loisir l'histoire naturelle, morale et politique, de ce qu'ils auraient vu, nous verrions nous-mêmes sortir un monde nouveau de dessous leur plume, et nous apprendrions ainsi à connaître le nôtre. Je dis que quand de pareils observateurs affirmeront d'un tel animal que c'est un homme, et d'un autre que c'est une bête, il faudra les en croire ; mais ce serait une grande simplicité de s'en rapporter là-dessus à des voyageurs grossiers, sur lesquels on serait quelquefois tenté de faire la même question qu'ils se mêlent de résoudre sur d'autres animaux.

10*. Cela me paraît de la dernière évidence, et je ne saurais concevoir d'où nos philosophes peuvent faire naître toutes les passions qu'ils prêtent à l'homme naturel. Excepté le seul nécessaire physique, que la nature même demande, tous nos autres besoins ne sont tels que par l'habitude avant laquelle ils n'étaient point des besoins, ou par nos désirs, et l'on ne désire point ce qu'on n'est pas en état de connaître. D'où il suit que l'homme sauvage ne désirant que les choses qu'il connaît et ne connaissant que celles dont la possession est en son pouvoir ou facile à acquérir, rien ne doit être si tranquille que son âme et rien si borné que son esprit.

11*. Je trouve dans le *Gouvernement civil* de Locke une objection qui me paraît trop spécieuse pour qu'il me soit permis de la dissimuler. « La fin de la société entre le mâle et la femelle, dit ce philosophe, n'étant pas simplement de procréer, mais de continuer l'espèce, cette société doit durer, même après la procréation, du moins aussi longtemps qu'il est nécessaire pour la nourriture et la conservation des procréés, c'est-à-dire jusqu'à ce qu'ils soient capables de pourvoir eux-mêmes à leurs besoins. Cette règle que la sagesse infinie du Créateur a établie sur les œuvres de ses mains, nous voyons que les créatures inférieures à l'homme l'observent constamment et avec exactitude. Dans ces animaux qui vivent d'herbe, la société entre le mâle et la femelle ne dure pas plus longtemps que chaque acte de copulation, parce que les mamelles de la mère étant suffisantes pour nourrir les petits jusqu'à ce qu'ils soient capables de paître l'herbe, le mâle se contente d'engendrer et il ne se mêle plus après cela de la femelle ni des petits, à la subsistance desquels il ne peut rien contribuer. Mais au regard des bêtes de proie, la société dure plus longtemps, à cause que la mère ne pouvant pas bien pourvoir à sa subsistance propre et nourrir en même temps ses petits par sa seule proie, qui est une voie de se nourrir et plus laborieuse et plus dangereuse que n'est celle de se nourrir d'herbe, l'assistance du mâle est tout à fait nécessaire pour le maintien de leur commune famille, si l'on peut user de ce terme ; laquelle jusqu'à ce qu'elle puisse aller chercher quelque proie ne saurait subsister que par les soins du mâle et de la femelle. On remarque le même dans tous les oiseaux, si l'on excepte quelques oiseaux domestiques qui se trouvent dans des lieux où la continuelle abondance de nourriture exempte le mâle du soin de nourrir les petits ; on voit que pendant que les petits dans leur nid ont besoin d'aliments, le mâle et la femelle y portent, jusqu'à ce que ces petits-là puissent voler et pourvoir à leur subsistance.

« Et en cela, à mon avis, consiste la principale, si ce n'est la seule raison pourquoi le mâle et la femelle dans le genre humain sont obligés à une société plus longue que n'entretiennent les autres créatures. Cette raison est que la femme est capable de concevoir et est pour l'ordinaire derechef grosse et fait un nouvel enfant, longtemps avant que le précédent soit hors d'état de se passer du secours de ses parents et puisse lui-même pourvoir à ses besoins. Ainsi un père étant obligé de prendre soin de ceux qu'il a engendrés, et de prendre ce soin-là pendant longtemps, il est aussi dans l'obligation de continuer à vivre dans la société conjugale avec la même femme de qui il les a eus, et de demeurer dans cette société beaucoup plus longtemps que les autres créatures, dont les petits pouvant subsister d'eux mêmes, avant que le temps d'une nouvelle procréation vienne, le lien du mâle et de la femelle se rompt de lui-même et l'un et l'autre se trouvent dans une pleine liberté, jusqu'à ce que cette saison qui a coutume de solliciter les animaux à se joindre ensemble les oblige à se choisir de nouvelles compagnes. Et ici l'on ne saurait admirer assez la sagesse du Créateur, qui, ayant donné à l'homme des qualités propres pour pourvoir à l'avenir aussi bien qu'au présent, a voulu et a fait en sorte que la société de l'homme durât beaucoup plus longtemps que celle du mâle et de la femelle parmi les autres créatures ; afin que par là l'industrie de l'homme et de la femme fût plus excitée, et que leurs intérêts fussent mieux unis, dans la vue de faire des provisions pour leurs enfants et de leur laisser du bien : rien ne pouvant être plus préjudiciable à des enfants qu'une conjonction incertaine et vague ou une dissolution facile et fréquente de la société conjugale. »

Le même amour de la vérité qui m'a fait exposer sincèrement cette objection m'excite à l'accompagner de quelques remarques, sinon pour la résoudre, au moins pour l'éclaircir.

a. J'observerai d'abord que les preuves morales n'ont pas une grande force en matière de physique et qu'elles servent plutôt à rendre raison des faits existants qu'à constater l'existence réelle de ces faits. Or tel est le genre de preuve que M. Locke emploie dans le passage que je viens de rapporter ; car quoiqu'il puisse être avantageux à l'espèce humaine que l'union de l'homme et de la femme soit permanente, il ne s'ensuit pas que cela ait été ainsi établi par la nature, autrement il faudrait dire qu'elle a aussi institué la société civile, les arts, le commerce et tout ce qu'on prétend être utile aux hommes.

b. J'ignore où M. Locke a trouvé qu'entre les animaux de proie la société du mâle et de la femelle dure plus longtemps que parmi ceux qui vivent d'herbe et que l'un aide à l'autre à nourrir les petits. Car on ne voit pas que le chien, le chat, l'ours, ni le loup reconnaissent leur femelle mieux que le cheval, le bélier, le taureau, le cerf ni tous les autres quadrupèdes ne reconnaissent la leur. Il semble au contraire que, si le secours du mâle était nécessaire à la femelle pour conserver ses petits, ce serait surtout dans les espèces qui ne vivent que d'herbe, parce qu'il faut fort longtemps à la mère pour paître, et que durant tout cet intervalle elle est forcée de négliger sa portée, au lieu que la proie d'une ourse ou d'une louve est dévorée en un instant et qu'elle a, sans souffrir la faim, plus de temps pour allaiter ses petits. Ce raisonnement est confirmé par une observation sur le nombre relatif de mamelles et de petits qui distingue les espèces carnassières des frugivores et dont j'ai parlé dans la note 7. Si cette observation est juste et générale, la femme n'ayant que deux mamelles et ne faisant guère qu'un enfant à la fois, voilà une forte raison de plus pour douter que l'espèce humaine soit naturellement carnassière, de sorte qu'il semble que pour tirer la conclusion de Locke, il faudrait retourner tout à fait son raisonnement. Il n'y a pas plus de solidité dans la même distinction appliquée aux oiseaux. Car qui pourra se persuader que l'union du mâle et de la femelle soit plus durable parmi les vautours et les corbeaux que parmi les tourterelles ? Nous avons deux espèces d'oiseaux domestiques, la cane et le pigeon, qui nous fournissent des exemples directement contraires au système de cet auteur. Le pigeon, qui ne vit que de grain, reste uni à sa femelle et ils nourrissent leurs petits en commun. Le canard, dont la voracité est connue, ne reconnaît ni sa femelle ni ses petits et n'aide en rien à leur subsistance, et parmi les poules, espèce qui n'est guère moins carnassière, on ne voit pas que le coq se mette aucunement en peine de la couvée. Que si dans d'autres espèces le mâle partage avec la femelle le soin de nourrir les petits, c'est que les oiseaux qui d'abord ne peuvent voler et que la mère ne peut allaiter sont beaucoup moins en état de se passer de l'assistance du père que les quadrupèdes à qui suffit la mamelle de la mère, au moins durant quelque temps.

c. Il y a bien de l'incertitude sur le fait principal qui sert de base à tout le raisonnement de M. Locke. Car, pour savoir si, comme il le prétend, dans le pur état de nature la femme est pour l'ordinaire derechef grosse et fait un nouvel enfant longtemps avant que le précédent puisse pourvoir lui-même à ses besoins, il faudrait des expériences qu'assurément Locke n'avait pas faites et que personne n'est à portée de faire. La cohabitation continuelle du mari et de la femme est une occasion si prochaine de s'exposer à une nouvelle grossesse qu'il est bien difficile de croire que la rencontre fortuite ou la seule impulsion du tempérament produisît des effets aussi fréquents dans le pur état de nature que dans celui de la société conjugale ; lenteur qui contribuerait peut-être à rendre les enfants plus robustes, et qui d'ailleurs pourrait être compensée par la faculté de concevoir, prolongée dans un plus grand âge chez les femmes qui en auraient moins abusé dans leur jeunesse. À l'égard des enfants, il y a bien des raisons de croire que leurs forces et leurs organes se développèrent plus tard parmi nous qu'ils ne faisaient dans l'état primitif dont je parle. La faiblesse originelle qu'ils tirent de la constitution des parents, les soins qu'on prend d'envelopper et gêner tous leurs membres, la mollesse dans laquelle ils sont élevés, peut-être l'usage d'un autre lait que celui de leur mère, tout contrarie et retarde en eux les premiers progrès de la nature. L'application qu'on les oblige de donner à mille choses sur lesquelles on fixe continuellement leur attention, tandis qu'on ne donne aucun exercice à leurs forces corporelles, peut encore faire une diversion considérable à leur accroissement ; de sorte que, si au lieu de surcharger et fatiguer d'abord leurs esprits de mille manières, on laissait exercer leurs corps aux mouvements continuels que la nature semble leur demander, il est à croire qu'ils seraient beaucoup plus tôt en état de marcher, d'agir et de pourvoir eux-mêmes à leurs besoins.

d. Enfin M. Locke prouve tout au plus qu'il pourrait bien y avoir dans l'homme un motif de demeurer attaché à la femme lorsqu'elle a un enfant ; mais il ne prouve nullement qu'il a dû s'attacher avant l'accouchement et pendant les neuf mois de la grossesse. Si telle femme est indifférente à l'homme pendant ces neuf mois, si même elle lui devient inconnue, pourquoi la secourra-t-il après l'accouchement ? Pourquoi lui aidera-t-il à élever un enfant qu'il ne sait pas seulement lui appartenir, et dont il n'a résolu ni prévu la naissance ? M. Locke suppose évidemment ce qui est en question, car il ne s'agit pas de savoir pourquoi l'homme demeurera attaché à la femme après l'accouchement, mais pourquoi il s'attachera à elle après la conception. L'appétit satisfait, l'homme n'a plus besoin de telle femme, ni la femme de tel homme. Celui-ci n'a pas le moindre souci ni peut-être la moindre idée des suites de son action. L'un s'en va d'un côté, l'autre d'un autre, et il n'y a pas d'apparence qu'au bout de neuf mois ils aient la mémoire de s'être connus, car cette espèce de mémoire par laquelle un individu donne la préférence à un individu pour l'acte de la génération exige, comme je le prouve dans le texte, plus de progrès ou de corruption dans l'entendement humain qu'on ne peut lui en supposer dans l'état d'animalité dont il s'agit ici. Une autre femme peut donc contenter les nouveaux désirs de l'homme aussi commodément que celle qu'il a déjà connue, et un autre homme contenter de même la femme, supposé qu'elle soit pressée du même appétit pendant l'état de grossesse, de quoi l'on peut raisonnablement douter. Que si dans l'état de nature la femme ne ressent plus la passion de l'amour après la conception de l'enfant, l'obstacle à la société avec l'homme en devient encore beaucoup plus grand, puisque alors elle n'a plus besoin ni l'homme qui l'a fécondée ni d'aucun autre. Il n'y a donc dans l'homme aucune raison de rechercher la même femme, ni dans la femme aucune raison de rechercher le même homme. Le raisonnement de Locke tombe donc en ruine et toute la dialectique de ce philosophe ne l'a pas garanti de la faute que Hobbes et d'autres ont commise. Ils avaient à expliquer un fait de l'état de nature, c'est-à-dire d'un état où les hommes vivaient isolés et où tel homme n'avait aucun motif de demeurer à côté de tel homme, ni peut-être les hommes de demeurer à côté les uns des autres, ce qui est bien pis, et ils n'ont pas songé à se transporter au-delà des siècles de société, c'est-à-dire de ces temps où les hommes ont toujours une raison de demeurer près les uns des autres, et où tel homme a souvent une raison de demeurer à côté de tel homme ou de telle femme.

12*. Je me garderai bien de m'embarquer dans les réflexions philosophiques qu'il y aurait à faire sur les avantages et les inconvénients de cette institution des langues ; ce n'est pas à moi qu'on permet d'attaquer les erreurs vulgaires et le peuple lettré respecte trop ses préjugés pour supporter patiemment mes prétendus paradoxes. Laissons donc parler les gens à qui l'on n'a point fait un crime d'oser prendre quelquefois le parti de la raison contre l'avis de la multitude. *Nec quidquam felicitati humani generis decederet, pulsa tot linguarum peste et confusione, unam artem callerent mortales, et signis, motibus, gestibusque lictum foret quidvis explicare. Nunc vero ita comparatum est, ut animalium quœ vulgo bruta creduntur, melior longe quam nostra hac in parte videatur conditio, ut pote quœ promptus et forsan felicius, sensus et cogitationes suas sine interprete significent, quam ulli queant mortales, prœsertim si peregrino utantur sermone.*

Is, Vorsius, de Poemat. *Cant. et Viribus Rythmi*, p. 66.

Traduction : « *Ce ne serait rien enlever au bonheur du genre humain, si, chassant la funeste et confuse multiplicité des langues, les hommes s'efforçaient d'exceller en un art unique et uniforme, où ils auraient le pouvoir de s'expliquer sur toutes choses par le moyen de signes, de mouvements et de gestes. Dans la situation actuelle, la condition des bêtes que le vulgaire qualifie de brutes paraît, à cet égard, de loin préférable à la nôtre : ne font-elles pas connaître plus rapidement, et peut-être plus fidèlement leurs sentiments et leurs pensées, sans le moindre truchement, supérieures en cela aux hommes, surtout lorsque ceux-ci recourent à une langue étrangère ?* »

13*. Platon montrant combien les idées de la quantité discrète et de ses rapports sont nécessaires dans les moindres arts, se moque avec raison des auteurs de son temps qui prétendaient que Palamède avait inventé les nombres au siège de Troie, comme si, dit ce philosophe, Agamemnon eût pu ignorer jusque-là combien il avait de jambes ? En effet, on sent l'impossibilité que la société et les arts fussent parvenus où ils étaient déjà du temps du siège de Troie, sans que les hommes eussent l'usage des nombres et du calcul : mais la nécessité de connaître les nombres avant que d'acquérir d'autres connaissances n'en rend pas l'invention plus aisée à imaginer ; les noms des nombres une fois connus, il est aisé d'en expliquer le sens et d'exciter les idées que ces noms représentent, mais pour les inventer, il fallut, avant que de concevoir ces mêmes idées, s'être pour ainsi dire familiarisé avec les méditations philosophiques, s'être exercé à considérer les êtres par leur seule essence et indépendamment de toute autre perception, abstraction très pénible, très métaphysique, très peu naturelle et sans laquelle cependant ces idées n'eussent jamais pu se transporter d'une espèce ou d'un genre à un autre, ni les nombres devenir universels. Un sauvage pouvait considérer séparément sa jambe droite et sa jambe gauche, ou les regarder ensemble sous l'idée indivisible d'un couple sans jamais penser qu'il en avait deux ; car autre chose est l'idée représentative qui nous peint un objet, et autre chose l'idée numérique qui le détermine. Moins encore pouvait-il calculer jusqu'à cinq, et quoique appliquant ses mains l'une sur l'autre, il eût pu remarquer que les doigts se répondaient exactement, il était bien loin de songer à leur égalité numérique. Il ne savait pas plus le compte de ses doigts que de ses cheveux et si, après lui avoir fait entendre ce que c'est que nombres, quelqu'un lui eut dit qu'il avait autant de doigts aux pieds qu'aux mains, il eût peut-être été fort surpris, en les comparant, de trouver que cela était vrai.

14*. Il ne faut pas confondre l'amour-propre et l'amour de soi-même ; deux passions très différentes par leur nature et par leurs effets. L'amour de soi-même est un sentiment naturel qui porte tout animal à veiller à sa propre conservation et qui, dirigé dans l'homme par la raison et modifié par la pitié, produit l'humanité et la vertu. L'amour-propre n'est qu'un sentiment relatif, factice et né dans la société, qui porte chaque individu à faire plus de cas de soi que de tout autre, qui inspire aux hommes tous les maux qu'ils se font mutuellement et qui est la véritable source de l'honneur.

Ceci bien entendu, je dis que dans notre état primitif, dans le véritable état de nature, l'amour-propre n'existe pas. Car chaque homme en particulier se regardant lui-même comme le seul spectateur qui l'observe, comme le seul être dans l'univers qui prenne intérêt à lui, comme le seul juge de son propre mérite, il n'est pas possible qu'un sentiment qui prend sa source dans des comparaisons qu'il n'est pas à portée de faire, puisse germer dans son âme ; par la même raison cet homme ne saurait avoir ni haine ni désir de vengeance, passions qui ne peuvent naître que de l'opinion de quelque offense reçue ; et comme c'est le mépris ou l'intention de nuire et non le mal qui constitue l'offense, des hommes qui ne savent ni s'apprécier ni se comparer peuvent se faire beaucoup de violences mutuelles quand il leur en revient quelque avantage, sans jamais s'offenser réciproquement. En un mot, chaque homme ne voyant guère ses semblables que comme il verrait des animaux d'une autre espèce, peut ravir la proie au plus faible ou céder la sienne au plus fort, sans envisager ces rapines que comme des événements naturels, sans le moindre mouvement d'insolence ou de dépit, et sans autre passion que la douleur ou la joie d'un bon ou mauvais succès.

15*. C'est une chose extrêmement remarquable que depuis tant d'années que les Européens se tourmentent pour amener les sauvages des diverses contrées du monde à leur manière de vivre, ils n'aient pas pu encore en gagner un seul, non pas même à la faveur du christianisme ; car nos missionnaires en font quelquefois des chrétiens mais jamais des hommes civilisés. Rien ne peut surmonter l'invincible répugnance qu'ils ont à prendre nos mœurs et vivre à notre manière. Si ces pauvres sauvages sont aussi malheureux qu'on le prétend, par quelle inconcevable dépravation de jugement refusent-ils constamment de se policer à notre imitation ou d'apprendre à vivre heureux parmi nous ; tandis qu'on lit en mille endroits que des Français et d'autres Européens se sont réfugiés volontairement parmi ces nations, y ont passé leur vie entière, sans pouvoir plus quitter une si étrange manière de vivre, et qu'on voit même des missionnaires sensés regretter avec attendrissement les jours calmes et innocents qu'ils ont passés chez ces peuples si méprisés ? Si l'on répond qu'ils n'ont pas assez de lumières pour juger sainement de leur état et du nôtre, je répliquerai que l'estimation du bonheur est moins l'affaire de la raison que du sentiment. D'ailleurs cette réponse peut se rétorquer contre nous avec plus de force encore : car il y a plus loin de nos idées à la disposition d'esprit où il faudrait être pour concevoir le goût que trouvent les sauvages à leur manière de vivre que des idées des sauvages à celles qui peuvent leur faire concevoir la nôtre. En effet, après quelques observations il leur est aisé de voir que tous nos travaux se dirigent sur deux seuls objets, savoir, pour soi les commodités de la vie, et la considération parmi les autres. Mais le moyen pour nous d'imaginer la sorte de plaisir qu'un sauvage prend à passer sa vie seule au milieu des bois ou à la pêche, ou à souffler dans une mauvaise flûte, sans jamais savoir en tirer un seul ton et sans se soucier de l'apprendre ?

On a plusieurs fois amené des sauvages à Paris, à Londres et dans d'autres villes ; on s'est empressé de leur étaler notre luxe, nos richesses et tous nos arts les plus utiles et les plus curieux ; tout cela n'a jamais excité chez eux qu'une admiration stupide, sans le moindre mouvement de convoitise. Je me souviens entre autres de l'histoire d'un chef de quelques Américains septentrionaux qu'on mena à la cour d'Angleterre il y a une trentaine d'années. On lui fit passer mille choses devant les yeux pour chercher à lui faire quelque présent qui pût lui plaire, sans qu'on trouvât rien dont il parut se soucier. Nos armes lui semblaient lourdes et incommodes, nos souliers lui blessaient les pieds, nos habits le gênaient, il rebutait tout ; enfin on s'aperçut qu'ayant pris une couverture de laine, il semblait prendre plaisir à s'en envelopper les épaules ; vous conviendrez, au moins, lui dit-on aussitôt, de l'utilité de ce meuble ? Oui, répondit-il, cela me paraît presque aussi bon qu'une peau de bête. Encore n'eût-il pas dit cela s'il eût porté l'une et l'autre à la pluie. Peut-être me dira-t-on que c'est l'habitude qui, attachant chacun à sa manière de vivre, empêche les sauvages de sentir ce qu'il y a de bon dans la nôtre. Et sur ce pied-là il doit paraître au moins fort extraordinaire que l'habitude ait plus de force pour maintenir les sauvages dans le goût de leur misère que les Européens dans la jouissance de leur félicité. Mais pour faire à cette dernière objection une réponse à laquelle il n'y ait pas un mot à répliquer, sans alléguer tous les jeunes sauvages qu'on s'est vainement efforcé de civiliser ; sans parler des Groenlandais et des habitants de l'Islande, qu'on a tenté d'élever et nourrir en Danemark, et que la tristesse et le désespoir ont tous fait périr, soit de langueur, soit dans la mer où ils avaient tenté de regagner leur pays à la nage ; je me contenterai de citer un seul exemple bien attesté, et que je donne à examiner aux admirateurs de la police européenne.

« Tous les efforts des missionnaires hollandais du cap de

Bonne-Espérance n'ont jamais été capables de convertir un seul Hottentot. Van der Stel, gouverneur du Cap, en ayant pris un dès l'enfance le fit élever dans les principes de la religion chrétienne et dans la pratique des usages de l'Europe. On le vêtit richement, on lui fit apprendre plusieurs langues et ses progrès répondirent fort bien aux soins qu'on prit pour son éducation. Le gouverneur, espérant beaucoup de son esprit, l'envoya aux Indes avec un commissaire général qui l'employa utilement aux affaires de la Compagnie. Il revint au Cap après la mort du commissaire. Peu de jours après son retour, dans une visite qu'il rendit à quelques Hottentots de ses parents, il prit le parti de se dépouiller de sa parure européenne pour se revêtir d'une peau de brebis. Il retourna au fort, dans ce nouvel ajustement, chargé d'un paquet qui contenait ses anciens habits, et les présentant au gouverneur il lui tint ce discours (voyez le frontispice) :

"*Ayez la bonté, monsieur, de faire attention que je renonce pour toujours à cet appareil. Je renonce aussi pour toute ma vie à la religion chrétienne, ma résolution est de vivre et mourir dans la religion, les manières et les usages de mes ancêtres. L'unique grâce que je vous demande est de me laisser le collier et le coutelas que je porte. Je les garderai pour l'amour de vous.*" Aussitôt, sans attendre la réponse de Van der Stel, il se déroba par la fuite et jamais on ne le revit au Cap » *Histoire des voyages,* tome 5, p. 175.

16*. On pourrait m'objecter que dans un pareil désordre les hommes au lieu de s'entr'égorger opiniâtrement se seraient dispersés, s'il n'y avait point eu de bornes à leur dispersion. Mais premièrement ces bornes eussent au moins été celles du monde, et si l'on pense à l'excessive population qui résulte de l'état de nature, on jugera que la terre dans cet état n'eût pas tardé à être couverte d'hommes ainsi forcés à se tenir rassemblés. D'ailleurs, ils se seraient dispersés, si le mal avait été rapide et que c'eût été un changement fait du jour au lendemain ; mais ils naissaient sous le joug ; ils avaient l'habitude de le porter quand ils en sentaient la pesanteur, et ils se contentaient d'attendre l'occasion de le secouer. Enfin, déjà accoutumés à mille commodités qui les forçaient à se tenir rassemblés, la dispersion n'était plus si facile que dans les premiers temps où nul n'ayant besoin que de soi-même, chacun prenait son parti sans attendre le consentement d'un autre.

17*. Le maréchal de V*** contait que dans une de ses campagnes, les excessives friponneries d'un entrepreneur des vivres ayant fait souffrir et murmurer l'armée, il le tança vertement et le menaça de le la faire pendre. Cette menace ne me regarde pas, lui répondit hardiment le fripon, et je suis bien aise de vous dire qu'on ne pend point un homme qui dispose de cent mille écus. Je ne sais comment cela se fit, ajoutait naïvement le maréchal, mais en effet il ne fut point pendu, quoiqu'il eût cent fois mérité de l'être.

18*. La justice distributive s'opposerait même à cette égalité rigoureuse de l'état de nature, quand elle serait praticable dans la société civile ; et comme tous les membres de l'État lui doivent des services proportionnés à leurs talents et à leurs forces, les citoyens à leur tour doivent être distingués et favorisés à proportion de leurs services. C'est en ce sens qu'il faut entendre un passage d'Isocrate dans lequel il loue les premiers Athéniens d'avoir bien su distinguer quelle était la plus avantageuse des deux sortes d'égalité, dont l'une consiste à faire part des mêmes avantages à tous les citoyens indifféremment, et l'autre à les distribuer selon le mérite de chacun. Ces habiles politiques, ajoute l'orateur, bannissant cette injuste égalité qui ne met aucune différence entre les méchants et les gens de bien, s'attachèrent inviolablement à celle qui récompense et punit chacun selon son mérite. Mais premièrement il n'a jamais existé de société, à quelque degré de corruption qu'elles aient pu parvenir, dans laquelle on ne fît aucune différence des méchants et des gens de bien ; et dans les matières de mœurs où la loi ne peut fixer de mesure assez exacte pour servir de règle au magistrat, c'est très sagement que, pour ne pas laisser le sort ou le rang des citoyens à sa discrétion, elle lui interdit le jugement des personnes pour ne lui laisser que celui des actions. Il n'y a que des mœurs aussi pures que celles des anciens Romains qui puissent supporter des censeurs, et de pareils tribunaux auraient bientôt tout bouleversé parmi nous : c'est à l'estime publique à mettre de la différence entre les méchants et les gens de bien ; le magistrat n'est juge que du droit rigoureux ; mais le peuple est le véritable juge des mœurs ; juge intègre et même éclairé sur ce point, qu'on abuse quelquefois, mais qu'on ne corrompt jamais. Les rangs des citoyens doivent donc être réglés, non sur leur mérite personnel, ce qui serait laisser au magistrat le moyen de faire une application presque arbitraire de la loi, mais sur les services réels qu'ils rendent à l'État et qui sont susceptibles d'une estimation plus exacte.

[illegible]

DOSSIER

L'ARCHITECTURE DE L'ŒUVRE

Sont mises en évidence ici les principales articulations du *Discours*.

PRÉFACE

Nécessité de remonter à l'origine de l'humanité.

INTRODUCTION

Le propos du *Discours*.

PREMIÈRE PARTIE : L'ÉTAT DE NATURE PHYSIQUE

L'homme originel du point de vue métaphysique et moral (liberté et perfectibilité).

L'embarras de l'origine des langues.

La bonté naturelle et la question de la pitié.

La passion amoureuse.

Conclusion de la première partie : l'indépendance de l'homme à l'état de nature.

SECONDE PARTIE : DE LA LIBERTÉ À LA SERVITUDE

Des premières évolutions à « l'âge des cabanes ».

« La véritable jeunesse du monde ».

L'agriculture, la propriété privée et l'apparition de la violence.

Le pacte social (réfutation des fausses conceptions).

La succession des gouvernements et la genèse du despotisme.

Conclusion : « le dernier terme de l'inégalité ».

L'AUTEUR ET LE CONTEXTE

REPÈRES BIOGRAPHIQUES

Jean-Jacques Rousseau naît à Genève le 28 juin 1712 et meurt à Ermenonville le 2 juillet 1778. Très jeune, il se révèle un lecteur passionné, mais ni sa situation sociale, fort précaire, ni ses goûts ne le prédisposent à la carrière des lettres. Ce n'est qu'à trente-sept ans, en 1749, qu'il entre en littérature avec le *Discours sur les sciences et les arts* qui lui vaudra, en même temps que le premier prix du concours de l'académie de Dijon, une célébrité immédiate.

1754 : Il rédige le *Discours sur l'origine et les fondements de l'inégalité parmi les hommes*, publié en 1755.

1756 : Rousseau commence à écrire ce qui sera son unique roman, *La Nouvelle Héloïse*, publié en 1761.

1758 : Rédaction de la *Lettre à d'Alembert sur les spectacles*.

1759 : Rousseau rédige l'*Émile* et le *Contrat social* qui paraîtront l'un et l'autre en 1761.

1762 : En raison du caractère anticlérical de *La Profession de foi du Vicaire savoyard*, l'*Émile* est condamné à Paris puis à Genève. Rousseau décrété de prise de corps se voit réduit à l'errance.

1764 : Rousseau rédige les *Lettres écrites de la montagne*. La même année, il entreprend *Les Confessions*.

1770 : Rousseau fait les premières lectures publiques des *Confessions* que Mme d'Épinay fera interrompre en 1771.

1772 : Rédaction jusqu'en 1775 de *Rousseau juge de Jean-Jacques*.

1776 : Rousseau commence à écrire *Les Rêveries du promeneur solitaire* qu'il laissera inachevées à sa mort.

1778 : Il meurt à Ermenonville, le 2 juillet.

1715 | 1720 | 1725 | 1730 | 1735 | 1740 | 1745 | 1750

Œuvres de Rousseau

- 1750 *Discours sur les Sciences et les Arts*

Dates politiques et événements

- 1715 Mort de Louis XIV
- 1721 La peste décime Marseille
- 1740
- 1715 – 1723 Régence
- 1723 Louis XV
- 1720 Émeutes à Paris

Sciences et techniques

- 1718 Halley et le mouvement propre des étoiles
- 1738 Linné. Classement des êtres vivants
- 1745 D'Alembert. Mathématiques

Art et littérature

- 1717 Watteau, *Embarquement pour Cythère*
- 1721 Bach, *Concertos brandebourgeois*
- 1749 - 1788 Buffon, *Histoire naturelle*
- 1719 Defoe, *Robinson Crusoé*
- 1730 Marivaux, *Le Jeu de l'amour et du hasard*
- 1750 - 1772 *Encyclopédie*

Philosophie

- 1689 Montesquieu
- 1694 Voltaire
- 1711 Hume
- 1712 Rousseau
- 1713 Diderot
- 1717 D'Alembert
- 1724 Kant

1755 1760 **1762** 1765 1770 1775 1780 1785 1790

- 1755 **Discours sur l'inégalité**
- 1758 *Lettre à D'Alembert sur les spectacles*
- 1761 *La Nouvelle Héloïse*
- 1762 *Du Contrat social* / *Émile ou de l'éducation*
- 1764 *Lettres écrites de la montagne*
- 1765 - 1770 *Confessions*
- 1776 - 1778 *Rêveries du promeneur solitaire*

- 1786 — Frédéric II, roi de Prusse
- 1789 Révolution française
- 1774 — 1792 Louis XVI
- 1774
- 1755 Désastre de Lisbonne (tremblement de terre)
- 1762 — 1796 Catherine II, tsarine de Russie
- 1756 — 1763 Guerre de Sept ans
- 1776 Indépendance des États-Unis
- 1783 Traité de Versailles

- 1765 Cavendish. Découverte de l'hydrogène
- 1769 Première machine à vapeur
- 1785 Lavoisier. Analyse et synthèse de l'eau

- 1759 Voltaire, *Candide*
- 1774 Goethe, *Les Souffrances du jeune Werther*

- 1755
- 1778
- 1776
- 1778
- 1784
- 1783
- 1804

THÈMES
ET PROBLÉMATIQUES

INTRODUCTION[1]

L'inégalité, pour Rousseau, n'est pas un simple thème de réflexion, l'occasion de briller par quelque séduisant paradoxe dans le cénacle fermé de ce que l'on appellerait aujourd'hui les « intellectuels ». Depuis sa plus tendre enfance, il a pu faire l'amère expérience de la morgue des grands de ce monde. Sans aucun autre héritage que ses talents, sans autre place dans la société que celle que lui assignent les caprices du hasard, il a su ce que « servir » veut dire. Ayant connu l'état de précepteur et de secrétaire, il sait aussi ce que signifie être dépendant et ce que vaut la protection d'un maître. L'inégalité, avant de la penser, Rousseau l'a d'abord vécue : *Les Confessions* sont là pour en témoigner. C'est ce qui donne à son écriture cette chaleur et ce ton inimitables qui feront dire à Kant que les textes de Rousseau sont à lire deux fois : la première fois, on se laisse emporter par la force de persuasion de l'écrivain ; la seconde, on réfléchit à la pensée du philosophe afin d'en pénétrer le sens.

En effet, la rigueur conceptuelle et la radicalité de la réflexion ne le cèdent en rien aux pouvoirs de séduction littéraire. Si le *Discours sur l'origine et les fondements de l'inégalité parmi les hommes* figure parmi le petit nombre des grands textes de l'histoire de la philosophie, c'est par la fermeté de sa construction, par la rigueur et la finesse de ses analyses théoriques, et par cet art que Rousseau pratique avec génie, de creuser sous les pseudo-évidences jusqu'à la racine des préjugés de son époque. Le second *Discours* est le fruit de la passion qui s'émeut et de l'intelligence qui raisonne. De cette rencontre devait naître une nouvelle manière de penser l'homme, ses liens avec la nature, l'histoire et la société.

1. Les références de pages de la partie Thèmes et problématiques renvoient au texte du *Discours* reproduit dans cet ouvrage.

Comme toujours chez Rousseau, c'est une impulsion extérieure qui donne le branle au cours de sa réflexion. En 1749, il tombe par hasard sur le *Mercure de France* où il peut lire la question mise au concours par l'académie de Dijon : « Si le rétablissement des sciences et des arts a contribué à épurer les mœurs ». Il y répondra par le *Discours sur les sciences et les arts* qui lui vaudra, outre le premier prix, un immense succès littéraire.

Et pourtant, en dénonçant les méfaits des sciences et des techniques sur les mœurs, Rousseau prend déjà le contre-pied de la conviction la plus communément partagée par les philosophes de son temps. En effet, ce n'est pas pour rien que l'on a baptisé le XVIIIe siècle « le siècle des Lumières ». L'homme du XVIIIe siècle a le sentiment de se réveiller d'un long sommeil où la coutume, le despotisme, le fanatisme et les préjugés étouffaient la pensée. Conscient des pouvoirs que lui confèrent l'esprit critique et la raison, il part à l'assaut de toutes les forteresses de l'obscurantisme. Sa foi en la raison s'étend à tous les domaines. Le développement des techniques le libérera du joug de la nécessité naturelle, en même temps qu'il favorisera le commerce et la prospérité. Les lois rationnelles se substitueront aux étrangetés de la coutume et libéreront les peuples de la tyrannie des despotes. Enfin, les mœurs s'épureront sous la lumière de la raison.

C'est cet optimisme que le *Discours sur les sciences et les arts* bat en brèche. À l'homme orgueilleux et fier de ses pouvoirs nouvellement conquis, il oppose l'humilité de la vertu. Son idéal, il ne le place pas dans un avenir qu'il pressent trouble et incertain, mais dans la cité antique dont l'équilibre est assuré par la sobriété des mœurs. C'est la volonté de vivre ensemble et l'attachement farouche à la liberté collective, et non la raison, qui cimentent les hommes et garantissent la vertu. Enfin, en affirmant que le luxe nourrit l'oisiveté et développe les inégalités, Rousseau annonce ce qui constituera le thème dominant du second *Discours* : l'inégalité contre nature ; elle est le tombeau du bien le plus précieux de l'homme, sa liberté.

La thèse du second *Discours* est connue : les hommes sont libres et égaux par nature. C'est la société qui a distingué riches et pauvres, gouvernants et gouvernés, nobles et roturiés. Mais le propos essentiel n'est plus comme dans le *Discours sur les sciences et les arts* de formuler un diagnostic en identifiant l'inégalité comme étant la figure essentielle du mal, mais d'en produire la genèse, de faire le récit de l'histoire de cette maladie qui défigure la nature humaine au point de la rendre méconnaissable. Car le véritable scandale est moins l'inégalité en elle-même que son acceptation par tous. Si les hommes aiment leurs chaînes, comment les en libérer ?

LA PROBLÉMATIQUE DU SECOND « DISCOURS »

Le sujet de concours proposé en 1754 par l'académie de Dijon : « Quelle est l'origine de l'inégalité parmi les hommes, et si elle est autorisée par la loi naturelle ? » comprend deux volets. Le premier concerne un point de fait, celui de l'origine des inégalités, particulièrement l'inégalité entre riches et pauvres, entre gouvernants et gouvernés. S'agit-il d'un fait de nature, ou d'un héritage historique et culturel ? Le second volet pose la question du *droit* : la loi naturelle légitime-t-elle l'instauration ou le maintien de ces inégalités ? Les deux questions sont parfaitement distinctes. On pourrait soutenir, par exemple, que les hommes naissent égaux mais qu'il est légitime, pour le bien de tous, qu'un petit nombre d'hommes éclairés s'empare des rênes du pouvoir pour imposer un ordre raisonnable. Après avoir expédié d'un trait de plume l'interprétation la plus immédiate de la question, savoir si l'inégalité sociale est à proportion des mérites (« question bonne peut-être à agiter entre des esclaves entendus de leur maître », p 29), Rousseau, dans l'introduction et la préface, va focaliser son analyse sur le concept de loi naturelle. Avant de savoir ce qu'elle autorise ou interdit, il faut définir ce qu'elle est, et plus radicalement se demander s'il y a un sens à invoquer une loi naturelle qui autorise et interdit. Bref, y a-t-il un droit naturel qui antérieurement à toute institution et à toute culture énoncerait les règles universelles de la justice ?

NATURE ET AMBIGUÏTÉ DU CONCEPT DE LOI NATURELLE

Au XVIIIe siècle, la loi naturelle (ou droit naturel) est invoquée en vue d'établir le fondement du droit. La loi est dite naturelle, au sens où, premièrement, elle parle par la seule voix de la nature : la raison ou le sentiment. Indépendamment de ce qu'énoncent les lois instituées (le droit positif), elle nous dicte, au plus profond de notre conscience, ce qui est juste et légitime. Deuxièmement, elle est universelle (contrairement aux lois positives qui varient selon les nations et les époques), et valable pour tous les hommes quels que soient leurs mœurs, leurs coutumes ou leur système juridique. Elle exprime une exigence de justice qui fait corps avec la nature humaine. Enfin, troisièmement, précédant toute institution historique, elle est référée à l'*état de nature*, c'est-à-dire au mode d'existence originel des hommes, avant la création des sociétés civiles. Ce sont ces trois caractères qui, selon une tradition largement reconnue parmi les philosophes, font de la loi naturelle la norme et l'étalon absolus des lois instituées.

Toutefois, l'accord entre philosophes se brise dès l'instant qu'il s'agit de donner un contenu précis à cette loi naturelle. La multiplicité des définitions qu'on en propose fait peser un grave soupçon sur sa prétendue universalité. Mais il y a plus : en invoquant, parmi les règles du droit naturel, le respect de la propriété, l'exigence de justice, la nécessité d'une autorité politique, les philosophes utilisent des notions et se réfèrent à des valeurs que seuls des hommes déjà civilisés sont en mesure de comprendre.

C'est pourquoi Rousseau ne peut accepter la question proposée par l'académie de Dijon dans sa naïveté initiale, sans la soumettre préalablement à un questionnement. En quel sens peut-on parler de loi naturelle ? Quelle relation entretient-elle avec la justice des hommes ?

Or, force est de constater que la loi naturelle et l'état de nature servent le plus souvent d'alibi pour *justifier* l'ordre social existant, ou celui que l'on souhaiterait instaurer. Cette démarche dont Rousseau dénonce le caractère circulaire se décompose de la manière suivante :
– À partir de l'observation des hommes qui nous entourent, on prélève tel ou tel trait de caractère (le sens de la propriété, le goût de la rivalité, le souci de justice, etc.) que l'on érige arbitrairement en trait distinctif de l'humanité. On brosse ainsi le portrait abstrait de *l'homme universel* dont on déduit ensuite la loi naturelle.
– Pour reconstituer l'état de nature, on dépouille ensuite l'homme de tous les soutiens que lui procure la civilisation et particulièrement les institutions civiles et politiques. On montre ainsi que la loi naturelle est

impuissante à faire régner l'ordre et la paix aussi longtemps qu'elle n'est pas soutenue par une force publique qui en garantit le respect.
– On en conclut à la nécessité de souscrire un pacte social, c'est-à-dire une convention par laquelle les hommes acceptent d'abandonner une partie de leur liberté naturelle et d'obéir aux lois de la communauté (droit positif).

Tout se passe ainsi comme si la société civile était inscrite en filigrane ou en négatif dans l'état de nature, comme le fruit est enveloppé dans la fleur : la civilisation ne fait que développer les potentialités du primitif, de même que le droit positif n'est que le prolongement et la traduction du droit naturel. Bref, *l'histoire accomplirait la nature.*

En réalité, tout le raisonnement repose sur un cercle vicieux. C'est parce que l'on a projeté dans l'état de nature les caractéristiques de la civilisation, *notamment l'aptitude à raisonner sur ce qui est juste*, que l'histoire peut être décrite comme le développement progressif des germes et des exigences censés être contenus de toute éternité dans l'état de nature. L'ambition de Rousseau, dans le *Discours sur l'origine de l'inégalité*, sera de dénoncer et d'éviter cette confusion entre nature et histoire. D'où le projet annoncé dans la préface de démêler en l'homme, une fois pour toutes, l'originel de l'artificiel.

LES PRINCIPES NATURELS : LA CONSERVATION DE SOI ET LA PITIÉ

L'histoire ne développe pas la nature, elle l'efface. Telle la statue du dieu Glaucus battue par les vents et les tempêtes, le visage originel de l'homme est devenu quasiment méconnaissable. Sa nature originelle est d'autant moins lisible sous les fards de la civilisation que la raison, qui prétend nous la révéler, est tout entière située du côté de l'histoire et de ses acquis ; ce que nous montrera la première partie du *Discours*. Quant aux faits connus, ils sont, pour la même raison, à écarter. Reste la méditation : le retour sur soi-même qui permet au philosophe, dans le silence des passions et des turbulences du monde, d'entendre la voix de la nature qui parle encore à celui qui sait l'écouter.

« Laissant donc tous les livres scientifiques qui ne nous apprennent qu'à voir les hommes tels qu'ils se sont faits, et méditant sur les premières et plus simples opérations de l'âme humaine, j'y crois apercevoir deux principes antérieurs à la raison, dont l'un nous intéresse ardemment à notre bien-être et à la conservation de nous-mêmes, et l'autre nous inspire une répugnance naturelle à voir périr ou souffrir tout être sensible et principalement nos semblables » (pp. 25-26).

Conservation de soi et pitié sont donc les deux principes originels dont « paraissent découler toutes les règles du droit naturel ». De la conservation de soi naîtront ultérieurement les droits de l'homme ; de la pitié, le devoir de respecter les droits d'autrui. Mais, sous leur forme primitive, c'est à peine si l'on peut à leur propos parler de droit ou de loi naturels. Ce n'est en tout cas pas au sens où en parlent les philosophes de l'école du droit naturel qui voient dans le droit naturel, non les lois physiques, mais un ensemble de règles morales que seuls des êtres raisonnables peuvent concevoir et respecter. Au sens strict, le droit suppose la division entre ce qui est et ce qui doit être, entre ce que j'éprouve comme mon intérêt ou mon désir et ce que le devoir exige de moi. Or la commisération naturelle, tout comme l'amour de soi est « une impulsion intérieure », une passion primitive que l'on suit spontanément, sans réfléchir. Elle ne présente ni le caractère contraignant de l'obligation, ni la rationalité des lois morales ; et surtout elle précède toute existence sociale. Enfin si, à l'inverse des lois physiques, elle ne commande qu'à l'homme, seul être de la nature capable d'y obéir librement, la portée du « devoir » qu'elle induit s'étend à tous les êtres sensibles : le primitif ne répugne pas moins à voir souffrir un animal que son semblable.

L'OBJET DU *DISCOURS SUR L'ORIGINE DE L'INÉGALITÉ*

Les académiciens de Dijon demandaient si la loi naturelle *autorise* les inégalités. À quoi il faudrait répondre qu'en toute rigueur la loi naturelle ne saurait ni interdire ni autoriser. Elle est naturelle au sens où précisément on la suit *naturellement*, sans réfléchir et sans se faire violence. Le partage entre le permis et le défendu, entre le juste et l'injuste, est un acquis tardif de l'homme socialisé. Le sauvage est innocent au double sens du terme : s'il ne fait pas le mal, c'est qu'il ne connaît ni le bien ni le mal.

Mais si le droit et la justice sont des acquis de l'histoire et de la société, ils n'en ont pas moins une racine naturelle. Le double principe de la conservation de soi et de la pitié exprime, de manière sensible, ce que les lois morales fonderont en raison, en transposant les règles naturelles de l'homme solitaire dans un cadre social. De la nature au droit, il y a à la fois discontinuité et correspondance. Discontinuité, car les règles du droit n'apparaissent que lorsque l'homme, devenu social, ne se laisse plus guider par la seule inspiration naturelle. En ce sens, il n'y a pas de droit naturel. Correspondance, dans la mesure où ce que le droit énonce dans la langue de la raison, la pitié et la conservation l'exprimaient dans la langue du sentiment. La nature demeure bien à ce titre le modèle et la référence du droit.

Mais cette correspondance est vacillante, problématique. Dans l'état originel, la voix de la nature était impérieuse, d'autant plus ferme qu'elle guidait l'homme en douceur. La justice légale et morale, fondée sur la raison, met l'homme en conflit avec lui-même : le devoir réprime le désir, assujettit l'intérêt particulier aux conditions de l'intérêt général. C'est pourquoi, au regard des principes naturels, la justice des hommes est sans force, d'emblée exposée à toutes les transgressions : l'origine du droit s'avérera être en même temps l'origine des maux qu'il combat. *Fondamentalement, le droit est complice des inégalités* ; non pas, comme le dira Marx plus tard, parce qu'il n'est que la cristallisation de rapports de force, mais en ce sens que la nécessité du droit ne se fait sentir que lorsque les inégalités sont déjà apparues. D'une manière générale, les maux et les remèdes sont contemporains. Tel sera le propos du second *Discours*. Dès lors, la question initiale se voit déplacée. Il ne s'agit plus de savoir si le droit prétendument naturel autorise les inégalités mais de déterminer l'*origine commune du droit et des inégalités* :

« De quoi s'agit-il donc précisément dans ce Discours ? De marquer dans le progrès des choses le moment où le droit succédant à la violence, la nature fut soumise à la loi ; d'expliquer par quel enchaînement de prodiges le fort put se résoudre à servir le faible, et le peuple à acheter un repos en idée, au prix d'une félicité réelle » (p. 29).

NATURE ET HISTOIRE

Désireux de marquer la distance entre la loi naturelle et le droit, Rousseau va accentuer la discontinuité entre les origines de l'humanité et les premiers balbutiements de l'histoire et de la civilisation. En soi la référence à un état de nature, condition primitive de l'homme précédant toute organisation sociale, n'est en aucune façon une innovation de la part de Rousseau. En revanche, ce qui porte la marque spécifique de la pensée rousseauiste, c'est la place et le sens qu'il confère à cette notion.

SENS ET FONCTION DE L'ÉTAT DE NATURE DANS LE DISCOURS

On désigne communément par « état de nature » l'ensemble des conditions que rencontraient les hommes avant le pacte social, c'est-à-dire avant qu'ils ne s'engagent à se plier à des lois communes garanties par une force publique. Pour être tout à fait exact, il faudrait préciser : les conditions que les hommes rencontraient ou auraient rencontrées sans les institutions politiques. Car pour la plupart des penseurs de cette époque, l'état de nature est moins une réalité historique qu'une fiction théorique destinée à souligner par contraste ce que l'homme doit aux institutions.

Qu'elle désigne une fiction ou une réalité, la notion enveloppe une ambiguïté : l'état de nature peut en effet qualifier simplement le degré zéro de l'histoire, la situation du primitif sorti des mains de la nature ou bien encore l'ensemble de la période qui précède le pacte social. Faire coïncider les deux définitions, c'est admettre *a priori*, que dès l'origine les hommes éprouvent la nécessité d'instaurer une société policée, et en ont la possibilité intellectuelle et morale. Or Rousseau, on l'a vu, rejette cette supposition qui revient à inscrire en pointillé, comme un manque à combler, la société civile dans la nature. C'est pourquoi, en toute rigueur, il faudra distinguer dans le second *Discours* deux aspects ou deux moments de l'état de nature : d'une part, l'état originel où l'homme vit dans une solitude et un dénuement intellectuel complets ; d'autre part, le « second » état de nature qui s'étend sur toute la période qui va de la formation des premières communautés au pacte social d'où sortira la société policée. Dans un cas comme dans l'autre, le principal souci de Rousseau est d'accentuer les ruptures : entre la solitude du primitif et les premières sociétés ; entre les « sociétés sans État » et le pacte social. D'une extrémité à l'autre, l'histoire ne suit pas un chemin continu que la nature aurait préalablement frayé. L'histoire est une succession de ruptures et de tentatives avortées pour rétablir un équilibre. Traditionnellement les philosophes sollicitaient la notion d'état de nature en vue d'y inscrire, à titre de virtualité, l'existence sociale et politique. Chez Rousseau, au contraire, l'état de nature est avant tout un repère négatif qui permet d'évaluer tout ce que l'homme doit (pour le meilleur et surtout pour le pire) à l'histoire.

TEMPS NATUREL ET TEMPS HISTORIQUE

La lecture de la première partie du *Discours* peut susciter un sentiment de déception, voire de frustration. On pouvait s'attendre à ce que Rousseau expliquât comment et selon quelles causes s'est effectuée la progression qui mène de l'égalité naturelle aux premières inégalités sociales. Non seulement il n'en est rien, mais Rousseau s'ingénie à souligner le caractère accidentel d'une évolution que rien dans la nature ne laissait prévoir.

En marquant, de la manière la plus tranchée qui soit, la distance qui sépare l'état originel des premiers progrès de l'humanité, Rousseau *libère une pensée de l'histoire*. Celle-ci ne saurait être considérée comme le simple accomplissement des germes naturels, un peu comme le marronnier serait l'accomplissement du marron. La nature et l'histoire s'opposent comme deux temporalités hétérogènes. Le temps naturel est circulaire : rien ne se passe. La nature, c'est l'éternel retour du même. L'histoire, au contraire, suppose une temporalité vectorisée et irréversible. De l'un à l'autre se creuse un gouffre que l'on ne peut franchir qu'à la faveur d'un saut ou d'un accident ; d'où l'importance dans le récit de ce passage du recours au « funeste hasard » et aux circonstances exceptionnelles.

Et pourtant l'histoire que nous conte Rousseau est bien celle de l'humanité ; elle peut bien dévoyer la nature de l'homme mais elle ne peut lui être entièrement étrangère. D'où une double exigence : d'une part, établir la contingence de l'histoire ; d'autre part, montrer que bien que *non nécessaires*, l'histoire et les développements qui lui sont liés sont rendus possibles dès l'origine par la nature de l'homme. La logique que met en œuvre Rousseau dans le second *Discours* permet d'éclairer cette articulation entre le temps naturel et le temps historique.

LA CAUSALITÉ CIRCULAIRE

Rousseau distingue la sphère du besoin, celle des passions et enfin la sphère intellectuelle de l'entendement. Entre ces trois sphères s'établit un jeu d'interactions, de sorte que l'action de chacune d'elles retentit sur les deux autres, selon le principe d'une *causalité circulaire*.

Le besoin naturel est purement physique. Il se caractérise par deux aspects. Il est sobre et facile à combler. Mais il est également vital. Sa non-satisfaction entraîne la mort. Ces deux caractères suffisent à le distinguer des besoins artificiels, issus de la vie en société. Au sens le plus général, la passion désigne l'impulsion spontanée, non réfléchie, qui suscite en nous attirance ou répulsion. Dans un sens plus précis, elle désigne la vie affective. Ici encore, il convient de distinguer les passions naturelles des passions dérivées. Les premières naissent de l'amour de soi ; elles expriment notre désir de vivre et nous attachent à tout ce qui conforte ce désir. Les passions acquises sont celles qui procèdent de la comparaison : les passions sociales que l'homme contracte dès qu'il est en mesure de percevoir l'autre comme son semblable ; mais aussi l'*amour-propre* qui, l'incitant à la vanité et à la jalousie, le rétracte sur lui-même. Quant à l'entendement, il est la faculté de former des idées abstraites en comparant entre elles les représentations sensibles pour en dégager, par abstraction, le caractère commun. L'idée d'arbre, par exemple, se forme en dégageant ce qu'il y a de commun à tous les arbres que nous avons pu voir ou imaginer.

L'ordre *naturel* de dépendance va du besoin physique à l'entendement en passant par la passion. La passion, en effet, s'enracine dans le besoin physique, l'âme est liée au corps ; ces premiers mouvements sont ceux qui expriment la tension du manque : le désir et la crainte. L'entendement n'est pas non plus coupé du reste de la personnalité ; il tire sa dynamique de l'élan des passions : « Nous ne cherchons à connaître que parce que nous désirons de jouir » (p. 42). Mais l'ordre de dépendance peut également s'inverser, induisant une logique de l'évolution. L'activité de la raison élargit l'horizon de la conscience et suscite de nouvelles passions ainsi que de nouveaux besoins qui intègrent l'imagination et la comparaison. C'est ainsi que surgissent les formes sociales du besoin et de la passion. On est donc bien en présence d'une causalité circulaire, puisque l'effet, ici l'activité de l'entendement, agit en retour sur les causes qui l'on mis en mouvement.

À partir de là, on peut distinguer deux schémas : l'un statique, l'autre évolutif ; le premier naturel, l'autre historique. Supposons d'abord que le besoin trouve immédiatement dans le milieu extérieur de quoi se satisfaire. Les passions qui en découlent resteront faibles et ponctuelles. Leur influence sur l'entendement, quasiment nulle, laisse la pensée en jachère. En retour, sans la moindre stimulation de la part de la pensée, les besoins et les passions restent stables. Le cercle de la causalité qui relie chacune des trois sphères se referme sur lui-même sans produire la moindre évolution. Le temps se déroule en pure perte reconduisant un éternel présent : telle est la situation originelle du primitif. Supposons maintenant que des circonstances exceptionnelles, « un funeste hasard », viennent faire obstacle à la satisfaction du besoin. Cette frustration aiguise la passion qui à son tour stimule l'entendement. Ces progrès de l'intelligence permettront de venir à bout des obstacles. Mais en retour, conformément à la logique de la causalité circulaire, les progrès de l'entendement suscitent de nouveaux besoins et de nouvelles passions qui seront autant de nouveaux stimulants pour l'entendement. Et ainsi de suite... Le cercle figure le temps naturel ; la spirale, un temps historique où le progrès se nourrit de lui-même, mais où, en contrepartie, chaque tentative pour rétablir un équilibre rompu risque d'engendrer de nouveaux déséquilibres.

LES QUATRE ÉTAPES DE L'HUMANITÉ

C'est à la lumière de cette logique qu'il faudra éclairer les étapes successives que parcourt l'humanité au cours de son histoire. L'homme aurait pu rester indéfiniment dans l'état de nature sans qu'aucune nécessité interne ne le pousse à en sortir ni à développer ses facultés. Le hasard (ou peut-être Dieu ?) en a voulu autrement. Des obstacles imprévus le tirent de sa torpeur. L'impulsion initiale vient de l'extérieur, mais elle enclenche un processus d'évolution interne qui éloignera inéluctablement l'homme de son état originel. C'est ainsi que le second *Discours* envisage quatre étapes :

– La première étape (mieux vaudrait peut être dire la première station tant elle exclut tout changement et toute évolution) s'illustre dans l'état de *pure* nature. À certains égards, la description qu'en donne Rousseau fait songer au paradis terrestre de l'Ancien Testament. L'homme y jouit d'un bonheur animal sans pensées, sans mémoire et sans avenir ; il s'abandonne à la mère-nature. L'étroitesse de son champ de conscience le maintient dans la solitude : l'autre n'existe pas pour lui, car faute de comparaisons, il est incapable d'y voir son semblable.

– La chute survient lorsque de nouveaux obstacles surgissent. La nature est devenue moins généreuse ; l'homme doit puiser en lui-même, en développant ses facultés, les moyens d'aménager sa nouvelle existence. Besoins, passions et entendement se stimulent mutuellement. Si l'homme accroît ses pouvoirs, il est déjà moins facile à contenter. Mais la grande révolution de cette étape, c'est la formation des premiers liens entre les hommes et la naissance des passions sociales. D'évolution en évolution, la spirale finit par se refermer : un nouvel équilibre se forme qui s'incarne dans les premières communautés tribales. Telle est la « véritable jeunesse du monde » ou « second » état de nature. L'homme, à nouveau, est heureux, mais cette fois, d'un bonheur humain et non plus animal. Et pourtant, en quittant la solitude, l'homme a contracté un nouveau virus, l'amour-propre, dont les ravages ne cesseront par la suite de s'aggraver.

– La dégénérescence de ce second état de nature constitue la troisième étape. Là encore tout vient d'un « funeste hasard » qui va rompre le nouvel équilibre. Sans qu'aucun besoin ne l'y pousse, l'homme invente la métallurgie et l'agriculture. En découle la propriété privée, terrain d'élection de l'amour-propre. L'égalité naturelle entre les hommes a vécu. Du mélange d'inégalité et de dépendance qui caractérise cette décadence sortira un état de guerre généralisé où risquera de s'engloutir l'humanité.

– Le sursaut viendra du pacte social qui transforme les communautés primitives en sociétés policées. Ici finit l'état de nature et commence l'état civil. Ce n'est plus la nature qui dicte ses lois mais l'homme. Toutefois, faute d'attaquer le mal à la racine, le pacte social échouera dans sa tentative à créer un équilibre nouveau. Dès lors, un nouveau cycle de décadence conduira inéluctablement les hommes au despotisme et à la servitude.

PREMIÈRE PARTIE : LA NATURE AVANT L'HISTOIRE

On ne peut espérer reconstituer l'état de pure nature que si l'on commence par « écarter tous les faits ». L'état originel n'est pas une réalité empirique repérable dans l'espace et dans le temps, mais une représentation purement idéale ; une hypothèse comme peuvent en concevoir les physiciens. La seule mesure de sa valeur et de sa pertinence est la fécondité explicative qu'elle détient. Car aussi loin que l'on remonte dans le temps, l'homme que l'on observe est toujours déjà pétri par l'histoire. Par définition, l'origine de l'homme nous échappe. Jamais donnée comme un fait, elle ne peut être que reconstruite intellectuellement.

L'état de nature sera donc le résidu obtenu en dépouillant l'homme des lumières de la Grâce et de la civilisation. Car l'écueil à éviter est double : revêtir le sauvage des oripeaux de la culture ou bien concevoir la civilisation et la société civile dans la continuité de l'état de nature. Dans un cas comme dans l'autre, on confond nature et histoire. Aussi bien Rousseau, dans toute cette première partie, aura-t-il à cœur de présenter l'état de nature comme un état autosuffisant qui pouvait et aurait dû, sans un malheureux concours de circonstances, se perpétuer indéfiniment. En effaçant toutes les traces et jusqu'aux signes avant-coureurs de la culture, la nature originelle se trouve mise à l'abri, dans la temporalité circulaire qui est la sienne, isolée de toutes les déterminations étrangères.

La description de l'état de nature va s'opérer en trois temps qui correspondent à trois points de vue que l'on peut adopter sur l'homme. Il sera successivement envisagé sous l'angle physique, puis métaphysique (qui touche aux questions de la liberté et de la pensée) ; et enfin sous l'angle moral, qui s'ordonnera autour du thème de la bonté naturelle.

LE PRIMITIF DU POINT DE VUE PHYSIQUE

À en croire les philosophes des « Lumières », l'homme privé des connaissances et des techniques que lui procure la civilisation serait un être misérable, exposé à tous les périls d'une nature hostile. Tel est le lieu commun que Rousseau entend dénoncer. Mais contrairement à ce que l'on imagine trop souvent, le tableau qu'il brosse de l'état de nature n'a pas les couleurs pastel d'un paradis idyllique. Le bonheur du primitif a pour contrepartie la frugalité de ses besoins. L'unique supposition que s'accorde Rousseau est celle d'une nature suffisamment féconde et généreuse pour subvenir aux seuls besoins physiques de toutes ses créatures.

Cette description s'ordonne essentiellement autour de trois thèmes : d'abord le primitif vit en relation harmonieuse avec son milieu ; ensuite son corps est son seul instrument ; enfin il est robuste et en bonne santé.

HARMONIE, UNITÉ ET SANTÉ

L'harmonie de l'homme avec la nature se marque par son exceptionnelle capacité d'adaptation. S'il ne possède aucun instinct spécifique, il est en revanche capable d'imiter les instincts des autres animaux. Dans un environnement « où toutes choses marchent d'une manière [...] uniforme » (p. 35), sans surprise, sans que rien ne vienne troubler le cours habituel des choses, cette mobilité lui assure une existence à moindre effort. La nature pour Rousseau, c'est d'abord cela : l'aisance, l'absence d'effort, la facilité que confère une adaptation spontanée avec le milieu. Si l'on prend garde à ne pas confondre les besoins artificiels engendrés par la civilisation et les besoins naturels qui se réduisent au boire, au manger et à la reproduction, on conçoit que le primitif puisse vivre dans une relation harmonieuse avec son milieu.

L'unité du primitif se révèle à deux niveaux. Il s'agit d'abord d'une unité avec la nature. Le primitif vit avec son milieu dans cette relation charnelle et quasi fusionnelle qu'illustre le mythe de la mère-nature et dont la nostalgie semble hanter la conscience de Rousseau jusqu'à l'obsession. Mais cette unité est aussi et sans doute d'abord celle de l'homme avec lui-même. Le civilisé vit entouré d'outils, de machines qui sans doute démultiplient son pouvoir sur le monde. Mais en contrepartie la médiation que constituent l'outil et l'instrument brise le lien naturel qui unissait l'homme à son milieu en même temps qu'elle introduit au plus profond de l'être la dépendance et la dispersion. Le sauvage, au contraire, qui possède son corps pour seul instrument, reste rassemblé sur lui-même, se portant « toujours tout entier avec soi » (p. 34).

Le primitif est un être robuste et sain. Au-delà des arguments sur les bienfaits de l'exercice physique et des imprécations contre la médecine qui peuvent prêter à sourire, ce lien que Rousseau établit entre la nature et la santé s'éclaire à la lumière de deux séries de considérations. D'abord, la thèse illustre l'idée-force qui domine tout le second *Discours* : la civilisation ne peut remédier (et encore de manière très insuffisante) qu'aux seuls maux qu'elle engendre. Il y aurait matière, selon Rousseau, à rédiger une sociologie de la maladie qui révélerait, à travers les maux physiques, les tares de la société. Mais le reproche le plus profond qu'adresse Rousseau à la médecine, c'est que loin de guérir, elle entretient la maladie. En un sens, il est vrai, la nature est cruelle. Tout comme jadis les Spartiates, elle procède dès la naissance à une sélection naturelle, abandonnant les êtres mal formés ou insuffisamment armés pour affronter les conditions de la vie sauvage. Si la médecine va à l'encontre de cette sélection naturelle, c'est pour maintenir les malades en état de survie artificielle. Refusant le verdict de la nature, elle entretient une existence alanguie et exsangue. En conséquence de quoi, elle installe un milieu propice à la mollesse et à la dépendance qui font le lit de la dégénérescence des mœurs et de la servitude. Tant il est vrai que la vertu (étymologiquement la force virile) est d'abord affaire de santé.

LE PRÉSENT ÉTERNEL ET LA QUESTION DE LA MORT

S'il fallait résumer d'un mot le trait le plus saillant de ce tableau de l'état de nature, ce serait celui d'immédiateté. Au double sens du terme. La vie naturelle, c'est l'*absence de médiation*, de moyens s'interposant entre l'homme et la nature et, par voie de conséquence, une existence qui se concentre dans le présent immédiat. Ce qui pousse l'homme à anticiper, mais aussi à mémoriser, c'est le délai, la faille qui vient se loger entre le besoin et sa satisfaction et qui nous incitent à *pré-voir*, à faire des *provisions*. Si l'origine apparaît bien comme l'expression d'un bonheur perdu, c'est moins du fait de la générosité de la nature que par la possibilité de jouir du présent. Le civilisé est toujours hors de lui, tendu vers un avenir qui n'est pas encore, incapable de vivre l'instant qui passe [1]. Le sauvage, au contraire, *est*, au sens plein du terme.

1. *Cf. Émile.*

Cette immédiateté de l'existence naturelle dissipe le pire des maux que le civilisé peut s'infliger à lui-même : l'angoisse de la mort. Rousseau se souvient de la leçon des stoïciens : la mort n'est rien en elle-même. On ne peut, par définition, en faire l'expérience. Seule l'imagination qui anticipe peut lui donner un semblant de réalité. Elle est cet horizon menaçant qui barre l'avenir. Mais que l'on réduise le champ de la conscience à l'existence immédiate, elle perd aussitôt toute consistance :

« [...] jamais l'animal ne saura ce que c'est que mourir, et la connaissance de la mort, et de ses terreurs, est une des premières acquisitions que l'homme ait faites, en s'éloignant de la condition animale » (p. 42).

L'imagination est ce pouvoir de se représenter ce qui n'est pas. Elle ouvre l'horizon de la conscience humaine, mais en même temps, elle éloigne l'homme de son présent, de ce qui est. C'est elle qui introduit dans l'esprit le manque, le non-être ou ce que la philosophie moderne appelle la négativité dont la figure emblématique est précisément la hantise de la mort. Pour le primitif, la mort n'est rien. Dans l'état de nature, les vieillards « s'éteignent enfin, sans qu'on s'aperçoive qu'ils cessent d'être, et presque sans s'en apercevoir eux-mêmes » (p. 36).

À l'abri du besoin, de la maladie et de la mort, le sauvage semble heureux, mais n'est-ce pas surtout par incapacité de connaître le malheur ? Car cette évocation des origines soulève une objection : le sauvage est-il déjà un être humain ? Ce bonheur d'un être concentré dans l'instant n'est-il pas la preuve d'une absence de toute vie de l'esprit ? Dans l'affirmative, le primitif ne serait un homme que par abus de langage. À trop vouloir éloigner l'homme originel du civilisé, Rousseau n'a-t-il pas finalement dissout la notion même d'humanité ? C'est à ces questions que va répondre le second temps de l'analyse : la description métaphysique de l'homme des origines.

LE PRIMITIF DU POINT DE VUE MÉTAPHYSIQUE

Selon la terminologie adoptée au XVIIIe siècle, la description métaphysique concerne la question de la liberté et des *facultés spirituelles* de l'homme. Est métaphysique ce qui dans le comportement humain excède le mécanisme physique. Il s'agira donc de marquer la frontière, et ceci à l'intérieur même de l'état de nature, entre le règne animal et le règne proprement humain.

L'HOMME SE DÉFINIT-IL PAR LA RAISON OU PAR LA LIBERTÉ ?

Définir l'homme, c'est exposer le caractère qui le distingue des autres animaux. Or, si Rousseau reconnaît, contre toutes les tentations matérialistes, que l'homme est doué d'une âme et que c'est cette dimension spirituelle qui fait son humanité, il reste à préciser en quoi consiste l'âme, et en quoi elle se distingue du corps. La réponse classique est connue : l'âme, c'est la pensée, la raison ; d'où la définition traditionnelle : l'homme est un animal raisonnable. Rousseau répond : c'est la liberté, non la raison, qui fait l'homme.

L'argumentation s'appuie sur le principe selon lequel la formation des idées peut s'interpréter de manière strictement mécanique : « La physique explique en quelque manière le mécanisme des sens et la formation des idées » (p. 41). Du reste, l'animal n'en est pas dépourvu : « Tout animal a des idées puisqu'il a des sens, il combine même ses idées jusqu'à un certain point, et l'homme ne diffère à cet égard de la bête que du plus au moins. » Par conséquent, l'entendement ne saurait suffire à exprimer la spiritualité de l'âme. Son essence est la liberté, non la raison. Mais en quoi consiste la liberté ?

« Je ne vois dans tout animal qu'une machine ingénieuse, à qui la nature a donné des sens pour se remonter elle-même, et pour se garantir, jusqu'à un certain point, de tout ce qui tend à la détruire, ou à la déranger. J'aperçois précisément les mêmes choses dans la machine humaine, avec cette différence que la nature seule fait tout dans les opérations de la bête, au lieu que l'homme concourt aux siennes en qualité d'agent libre. L'un choisit ou rejette par instinct, et l'autre par un acte de liberté » (p. 40).

La liberté, on le voit, c'est essentiellement le pouvoir de choisir, ou *libre arbitre*. Aussi intense que puisse être la pression des passions, quelles que soient les forces extérieures qu'il affronte, l'homme éprouve en lui cette capacité qu'il a de dire oui ou non, de suivre la pente de ses passions ou d'y résister. C'est en quoi résident sa dignité et sa responsabilité. Les lois naturelles déterminent *nécessairement* les phénomènes physiques (la pierre ne choisit pas de tomber) ; elles régissent également les mécanismes d'adaptation instinctifs auxquels sont soumis les animaux. Les conduites humaines, au contraire, excluent le déterminisme naturel. Certes, le primitif obéit spontanément à la nature. Mais c'est déjà en qualité d'agent libre. S'il n'est pas encore capable de penser, il est déjà en mesure de vouloir.

Bien que dépourvu de raison, le primitif est donc déjà un homme à part entière. La nature (au double sens de l'originel et de l'essentiel) s'exprime dans la liberté et non dans la raison. C'est donc à l'aune de l'usage de la liberté qu'il faudrait juger des progrès de l'humanité, au lieu de ne tenir compte que des seules avancées scientifiques et techniques. Au plan politique, c'est encore la liberté qui constituera le fondement et la finalité ultime de l'ordre républicain. L'homme n'est tenu d'obéir qu'à la loi à laquelle il a consenti. Cette promotion de la liberté, au détriment de la raison, modifie en profondeur le point de vue que la tradition adoptait sur la condition humaine. L'idéal de la sagesse antique, vivre selon les préceptes de la raison, passe désormais au second plan, après l'exigence de liberté.

LA PERFECTIBILITÉ

« Mais, quand les difficultés qui environnent toutes ces questions, laisseraient quelque lieu de disputer sur cette différence de l'homme et de l'animal, il y a une autre qualité très spécifique qui les distingue, et sur laquelle il ne peut y avoir de contestation, c'est la faculté de se perfectionner » (p. 41).

La perfectibilité désigne non seulement la capacité que possède l'homme de s'adapter à des conditions nouvelles, mais aussi celle de puiser dans ses réserves et de développer les facultés requises pour pouvoir survivre dans n'importe quelle situation. La perfectibilité, c'est le pouvoir de construire sa conduite au gré des circonstances et de relayer la nature lorsqu'elle se montre défaillante. C'est la « faculté qui, à l'aide des circonstances, développe successivement toutes les autres » (p. 41).

Liberté et perfectibilité sont en fait comme le recto et le verso d'une seule et même puissance, celle de conduire son existence en qualité d'agent libre et de choisir les solutions adaptées aux situations qui se présentent. On le vérifierait *a contrario* en observant la rigidité du comportement animal mû par le seul instinct :

« [...] la bête ne peut s'écarter de la règle qui lui est prescrite, même quand il lui serait avantageux de le faire. [...] C'est ainsi qu'un pigeon mourrait de faim près d'un bassin rempli des meilleures viandes, et un chat sur des tas de fruits, ou de grain, quoique l'un et l'autre put très bien se nourrir de l'aliment qu'il dédaigne s'il s'était avisé d'en essayer » (p. 40).

L'homme, au contraire, se montre capable de faire face à des situations imprévues en inventant des solutions inédites ; ce faisant, *il se crée lui-même au fur et à mesure qu'il développe ses facultés.*

NATURE ET PROGRÈS

Mais s'il est vrai que la liberté et la perfectibilité caractérisent l'humanité, y a-t-il encore un sens à parler de nature humaine ? La liberté, c'est d'abord le pouvoir de dire non à la nature en nous et hors de nous ; c'est cette ouverture permanente vers les possibles. Si l'homme est libre, il n'a pas de nature ou d'essence, dira Sartre ; il est uniquement ce qu'il fait de lui-même à travers les choix successifs qui jalonnent son existence. Chez Rousseau, cette conception semble s'esquisser lorsqu'il souligne le pouvoir de transgression et de perversion de la liberté :

« C'est ainsi que les hommes dissolus se livrent à des excès, qui leur causent la fièvre et la mort ; parce que l'esprit déprave les sens, et que la volonté parle encore, quand la nature se tait » (p. 40).

Ne faut-il pas en conclure que le progrès, mais aussi la « dénaturation », seraient inscrits dès l'origine dans ce qu'on ne pourrait appeler la « nature » humaine qu'en y mettant des guillemets ?

Et pourtant cette conséquence ruinerait le projet de Rousseau, puisqu'elle reviendrait à confondre nature et histoire. C'est pourquoi il importe d'insister sur un aspect essentiel de la perfectibilité : bien qu'inscrite dans la nature, elle ne peut s'actualiser que sous l'action de circonstances extérieures : « Ce fut par une providence très sage, que les facultés qu'il [l'homme] avait en puissance ne devaient se développer qu'avec les occasions de les exercer, afin qu'elles ne lui fussent ni superflues et à charge avant le temps, ni tardives, et inutiles au besoin » (p. 53). La perfectibilité dans l'état de nature reste une simple virtualité sans contenu, la simple possibilité de franchir des obstacles imprévus. Encore faut-il que ces obstacles existent. Aussi longtemps que la fécondité de la nature suffit à combler les besoins du primitif, elle reste sans effet. La liberté n'en est pas moins présente, mais elle s'accomplit dans le consentement à la loi naturelle plutôt que dans sa transgression.

Dès lors, la perfectibilité apparaît comme le concept clé de tout le dispositif argumentatif. Premièrement, elle permet de penser le lien entre la nature et l'histoire comme une relation contingente. La perfectibilité rend *possible* l'ouverture de la nature sur l'histoire mais sous la condition de circonstances qui auraient pu ne jamais se produire. Deuxièmement, elle permet de concevoir le développement des facultés, l'entrée dans la culture comme la possibilité la plus intérieure à l'homme, puisqu'elle exprime sa liberté. Enfin, elle fait apparaître ce développement comme un accident malheureux provoqué par la rupture de l'harmonie avec la nature.

Dans le second *Discours*, Rousseau se montre avant tout soucieux de creuser l'écart entre la nature et l'histoire ; c'est ce qui le conduit à accentuer le caractère accidentel de l'évolution. Encore faut-il éradiquer tout ce qui, dans l'état de nature, pourrait annoncer l'homme civilisé. Dans un premier temps, Rousseau va montrer que la raison et la sociabilité ne pouvaient, en dépit de la perfectibilité, s'épanouir spontanément dans l'état de nature. Ce n'est qu'après cet examen préalable que sera abordée l'analyse morale du « bon sauvage ».

DE LA SENSATION À LA RÉFLEXION

« J'ose presque assurer que l'état de réflexion est un état contre nature, et que l'homme qui médite est un animal dépravé » (p. 37).

L'homme des origines ne réfléchit pas ; il vit dans la pure sensation : « Apercevoir et sentir sera son premier état, qui lui sera commun avec tous les animaux » (p. 42). Sentir est un état purement passif né de l'action des corps extérieurs sur mon propre corps. La pensée et la réflexion supposent, au contraire, deux conditions où se marque clairement l'activité de l'esprit : d'une part, le recul, la distance prise par rapport à ce que j'éprouve immédiatement (étymologiquement, réfléchir, c'est revenir sur... afin d'identifier) ; d'autre part, le jugement qui interprète les sensations et s'énonce en une proposition, par exemple : « ceci est un arbre ». Mais une telle interprétation n'est possible que si je *compare* ma sensation actuelle avec ce que je sais être un arbre en général (le concept d'arbre). Penser, c'est donc interpréter, c'est-à-dire identifier un groupement de sensations au moyen d'un concept, d'un savoir. Et nos moindres perceptions, en ce qu'elles nous assurent la *reconnaissance* de ce que nous éprouvons, font déjà intervenir cette activité structurante de l'intelligence dont le primitif, selon Rousseau, est totalement dépourvu. Des années-lumière séparent cet état sensitif où se trouve plongé le primitif, non seulement des réflexions abstraites du philosophe, mais même des perceptions les plus élémentaires (toujours déjà interprétées par nos concepts) qui occupent la conscience de l'homme civilisé.

Contrairement à ce qu'énonce toute la tradition philosophique, l'homme n'est pas naturellement, ni donc originellement un « animal raisonnable ». La démonstration de ce principe central du second *Discours* s'ordonne autour de deux idées-forces : la raison n'est pas innée ; et de la sensation à la raison, il y a discontinuité.

La première idée ne fait qu'exprimer le thème central de l'empirisme. En opposition avec le rationalisme, qui estime que les idées générales et abstraites ont pour seule origine la raison elle-même (thèse de l'innéisme), l'empirisme soutient qu'il n'y a rien dans l'intelligence qui n'ait été préalablement dans les sens. Il n'existe pas de pensées innées ; toutes nos représentations sont acquises par expérience sensible ; les notions les plus abstraites, par exemple l'idée de Dieu, ont une origine empirique. C'est à partir de l'observation des hommes que nous forgeons la représentation d'un homme en général puis, par un processus d'abstraction et d'idéalisation progressives, de surhomme, pour enfin aboutir à l'idée d'un Dieu transcendant. Dès lors, le propos des philosophies empiristes, surtout à partir du XVIIIe siècle, sera d'établir la genèse des concepts et des idées à partir des modifications successives des premières impressions.

Mais cela ne suffit pas encore pour éloigner la raison de la nature. Si la genèse de nos pensées pouvait faire apparaître une progression continue, voire nécessaire, entre l'impression sensible et l'idée abstraite, il faudrait conclure que l'homme, même s'il n'est pas originellement raisonnable, est depuis toujours destiné à le devenir. C'est pourquoi Rousseau va multiplier les obstacles qui s'opposent à l'éclosion de la raison afin de mieux faire ressortir la distance qui sépare la sensation des premières formes de réflexion.

Aussi longtemps que ses besoins naturels sont comblés au moment même où ils sont éprouvés, aussi longtemps qu'il reste dépourvu de toute inquiétude pour le lendemain et qu'il éprouve le présent dans l'immédiateté, l'homme vit dans cet état sensitif qui correspond au degré zéro de l'intelligence. Les premières opérations de l'intelligence sont la contrepartie de la faille qui vient entamer cette quiétude. Elles naissent du souci du lendemain, et de la nécessité de prévoir ce qui sera sur la base de l'expérience présente et passée. Les lumières surviennent lorsque l'homme, chassé de ce paradis terrestre que représente la jouissance de l'instant, se trouve condamné à comparer et à prévoir.

LE LANGAGE ET LA PENSÉE

L'écart entre le besoin et les moyens de le satisfaire représente donc la condition négative de l'enclenchement du processus qui conduit de la sensation à la formation des premières idées. Mais il y faut également une condition positive : le langage. Là encore, Rousseau emprunte l'essentiel de son argumentation à l'empirisme et plus particulièrement à Condillac[1] : « Les idées générales ne peuvent s'introduire dans l'esprit qu'à l'aide des mots, et l'entendement ne les saisit que par des propositions » (p. 50).

On ne commence pas par se représenter un concept pour ensuite le nommer au moyen d'un mot : *Les idées générales et abstraites ne sont en fait que des mots.* Leur compréhension et leur manipulation procèdent de la seule compétence linguistique. La preuve en est que psychologiquement il est impossible d'imaginer le contenu d'une notion générale (ou concept) :

« Essayez de vous tracer l'image d'un arbre en général, jamais vous n'en viendrez à bout, malgré vous il faudra le voir petit ou grand, rare ou touffu, clair ou foncé, et s'il dépendait de vous de n'y voir que ce qui se

---

1. Philosophe français (1714 1780), auteur du *Traité des sensations*. Pour Condillac, c'est par l'intermédiaire des signes du langage que nous passons des impressions ou sensations aux idées générales.

trouve en tout arbre, cette image ne ressemblerait plus à un arbre » (p. 50).

Car toute représentation sensible, qu'il s'agisse d'une perception ou d'une représentation imaginaire, est particulière ; c'est cet arbre-ci, de telle essence, de telle taille, à tel moment de la saison. La notion ou le concept, au contraire, désigne une généralité. Rappelons que le mot « concept », vient du latin *cum-capere*, saisir ensemble : ramener une multiplicité de représentations sous une dénomination commune. De la représentation sensible au concept, la distance ne peut être comblée que par les mots qui assurent l'unification et la classification de l'expérience. Ces derniers sont les instruments qui permettent d'ordonner et d'identifier les représentations sensibles, que nous livre l'expérience, sous des catégories communes. Toutes mes représentations d'arbre sont rangées sous une dénomination unique « l'arbre », que l'on subdivise par ailleurs en sous-classes (le chêne, le hêtre, le platane, etc.). De même, les règles syntaxiques de la langue sont les premières structures logiques qui nous permettent d'enchaîner nos pensées de manière ordonnée : les liaisons entre nos idées dépendent des relations entre les signes qui permettent de les noter. Apprendre à penser, c'est apprendre à parler.

LE CERCLE DU LANGAGE

L'origine de la pensée proprement dite (par opposition à la pure sensation) coïncide donc pour Rousseau avec l'origine du langage. C'est en apprenant sa langue maternelle que l'enfant acquiert les instruments théoriques (concepts, structures linguistiques) qui lui permettront de traiter les informations sensorielles. Mais il reste à saisir l'origine du langage. C'est ici que s'illustre le plus clairement le projet rousseauiste : accroître le fossé entre les sensations et les premières idées en mettant en œuvre une genèse fondée à nouveau sur le principe de causalité circulaire[1].

Attribuer au langage l'origine de la formation des idées, c'est introduire dans la pensée une dimension *sociologique* et *historique*. Le langage est ce lien social qui permet d'abolir la distance psychologique entre les hommes. D'où ce cercle : il n'y a pas de pensée sans langage ; mais il n'y

1. *Cf.* pp. 166-168

a pas non plus de langage sans un lien social préalable qui permette de fonder une sorte de pacte linguistique grâce auquel les membres de la communauté réussissent à s'accorder sur le sens des signes institués. Mais cet accord à son tour requiert déjà un premier lien et donc un premier langage, de sorte qu'entre celui-ci et la société, il y a une action réciproque qui rend indécidable la question de savoir lequel est premier :

« [...] je laisse à qui voudra l'entreprendre la discussion de ce difficile problème, lequel a été le plus nécessaire, de la société déjà liée, à l'institution des langues, ou des langues déjà inventées, à l'établissement de la société » (pp. 51-52)

Condillac, et avec lui la plupart des empiristes, ont cru pouvoir échapper à ce cercle en supposant l'existence d'une forme de société primitive. De cette première cellule sociale aurait surgi un premier langage proche de la nature qui par la suite n'aurait cessé de se perfectionner, entraînant avec lui le progrès des capacités humaines de réflexion. Or c'est supposer une *sociabilité naturelle* en quoi se marque chez ces philosophes la tendance déjà repérée[1] de projeter dans l'état de nature des caractères qui ne peuvent émerger que grâce à la culture.

Pour Rousseau, il ne peut pas plus y avoir de société naturelle qu'il n'y a de langage primitif. Le besoin isole chacun dans sa solitude et dans la seule expérience de l'ici et du maintenant. Il existe certes un besoin réciproque entre la mère et l'enfant, mais il n'est pas suffisamment durable pour fonder ce que l'on appelle une famille, ni donc pour rendre compte de la naissance du langage. Ce sont les passions sociales qui rapprochent les hommes : l'amour, la pitié ainsi que tous les dérivés de l'amour-propre. Mais tous ces liens ne peuvent se nouer (nous y reviendrons) qu'avec la raison.

Rivé à sa solitude, le primitif n'éprouve aucun besoin de parler. Quand bien même il en éprouverait le besoin, il n'en aurait pas la possibilité, puisque *s'il faut parler pour penser, il faut également penser pour parler*. Chez les empiristes, en particulier Condillac, le langage est la solution apportée à la question de la naissance de la pensée abstraite. Chez Rousseau, cette « réponse » devient elle-même problématique. La causalité circulaire qui

1. *Cf.* pp. 160-161.

établit une relation d'interdépendance entre le langage, la société et la pensée, expulse le langage et toutes les connaissances hors de la nature. Au point que Rousseau semble un moment tenté de recourir à une explication surnaturelle : Dieu aurait fait don de la parole aux hommes.

Et pourtant, c'est un fait, l'homme parle. Il faut donc que le cercle se soit brisé. La nature avait conçu l'homme pour qu'il demeurât à jamais muet. L'histoire en a décidé autrement. L'histoire, rappelons-le, est antinature. Elle introduit dans l'ordre de la nécessité la faille du hasard et de la contingence qui, la perfectibilité aidant, éloigne toujours davantage l'homme de ses origines. La reconstitution par Rousseau de cette histoire ménage cette contingence en présentant chaque étape de l'évolution comme une *station* à laquelle l'homme a dû s'arrêter (et aurait pu s'arrêter définitivement) avant de franchir le nouvel espace qui le séparait de l'étape suivante.

À la première étape correspond « la société commençante ». Le « cri de la nature » diversement modulé, assorti de gestes, constitue le premier langage. Lorsque, bien plus tard, les échanges entre les hommes se compliquent (deuxième phase de la sociabilité) et que les idées grâce au premier langage deviennent plus générales, apparaît le langage d'institution. Les premiers signes exprimaient *naturellement* l'émotion ou l'objet auquel ils se référaient. La complication des échanges impose l'invention de nouveaux signes, sans lien naturel avec la chose signifiée, de sorte qu'il faut recourir à « un commun consentement », véritable pacte linguistique. Le langage proprement dit est né au moment même où il rompt ses derniers liens avec la nature. Désormais le fossé ira en s'accroissant. Du mot-phrase isolé à la proposition qui analyse la situation en enchaînant les signes conformément aux règles syntaxiques ; puis des premières classifications extrêmement grossières, aux classifications conceptuelles de plus en plus fines que favorise le langage policé ; du langage courant au langage abstrait des philosophes, c'est chaque fois un nouveau saut et de nouveaux obstacles à franchir. Et Rousseau de conclure :

Quoi qu'il en soit de ces origines, on voit du moins, au peu de soin qu'a pris la nature de rapprocher les hommes par des besoins mutuels, et de leur faciliter l'usage de la parole, combien elle a peu préparé leur sociabilité, et combien elle a peu mis du sien dans tout ce qu'ils ont fait, pour en établir les liens. (p. 52)

LE PRIMITIF DU POINT DE VUE MORAL : LA BONTÉ NATURELLE

La proclamation de la bonté naturelle, face au pessimisme moral imprimé par l'Église, n'a pas peu contribué à la célébrité du second *Discours*. Et pourtant, nous le savons maintenant, la nature n'a préparé l'homme ni à faire usage de sa raison, ni à entrer en société. Naturellement farouche, ignorant la justice, le primitif ne connaît que lui-même. Cette fameuse « bonté naturelle » soulève donc beaucoup plus de difficultés qu'elle n'en résout. En réalité, on va le voir, la doctrine de Rousseau s'ordonne autour de deux séries d'affirmations dont nous tenterons de montrer la complémentarité : premièrement, le primitif est moralement neutre, incapable de faire le bien comme le mal. Deuxièmement, la pitié naturelle tient lieu de morale ; c'est la présence de la pitié dans l'état de nature qui permet de parler, non d'ailleurs sans quelque ambiguïté, de « bonté naturelle ».

LE PRIMITIF EST MORALEMENT NEUTRE

L'homme isolé et dépourvu de raison est-il, comme l'affirment si complaisamment les philosophes des Lumières, une créature misérable ? Nous avons déjà répondu partiellement à la question en insistant sur l'idée que l'équilibre entre les besoins et la nature maintenait le primitif dans un état de quiétude qu'aucune tension ne venait troubler. Aussi longtemps que la réflexion ne vient pas aiguiser les désirs, l'homme ignore la convoitise.

Mais de tous les maux auxquels le genre humain risque de succomber, le plus redoutable est celui qu'il s'inflige à lui-même : la méchanceté et l'injustice. Dépourvus de raison, les hommes ne sont-ils pas condamnés à s'entre-déchirer ?

Tel est en tout cas le diagnostic de Hobbes[1] qui voit dans le sauvage un « enfant robuste » : trop immature pour être sensible aux injonctions de

1. Philosophe anglais (1583-1679), auteur du *Léviathan*. Selon Hobbes, la crainte permanente de la mort dans l'état de nature conduit les hommes à renoncer par contrat à tous leurs droits naturels et à confier un pouvoir absolu au représentant de l'État.

la raison, suffisamment puissant pour menacer ses semblables. Ce n'est pas par hasard si le philosophe anglais est au centre de la polémique. Rousseau reconnaît à Hobbes le mérite de ne pas avoir prêté à l'homme des origines une raison et un sens de la justice qui ne se développent qu'avec la civilisation. La passion primitive qui, selon Hobbes, doit servir de base à toute institution, est la conservation de soi et la peur de la mort, non la sociabilité ni le sens de la justice. Mais il a commis l'erreur de conclure « que pour n'avoir aucune idée de la bonté, l'homme [est] naturellement méchant » (p. 53). Or les mêmes causes qui l'empêchent d'être vertueux, l'empêchent également d'être méchant. Le vice naît des sources mêmes de la morale : l'aptitude à raisonner dans un contexte de dépendance sociale.

L'AMOUR-PROPRE, ORIGINE DES PASSIONS SOCIALES

L'origine de l'erreur de Hobbes est d'avoir confondu les passions primitives avec « le besoin de satisfaire une multitude de passions qui sont l'ouvrage de la société, et qui ont rendu les lois nécessaires » (p. 53). Or ces passions, auxquelles Hobbes impute la responsabilité de la méchanceté de l'homme, ne dérivent pas de l'amour en soi, mais sont l'ouvrage de l'amour-propre. D'abord introduite dans une simple note, cette distinction entre l'amour de soi et l'amour-propre va jouer un rôle décisif dans la suite du second *Discours* comme dans l'ensemble de l'œuvre de Rousseau.

« L'amour de soi-même est un sentiment naturel qui porte tout animal à veiller à sa propre conservation… » (p. 128, n°14). En d'autres termes, l'amour de soi n'est que l'instinct naturel de conservation ou l'effort par lequel chacun tend à se conserver dans son être. En revanche, « l'amour-propre n'est qu'un sentiment relatif, factice et né dans la société, qui porte chaque individu à *faire plus de cas de soi que de tout autre…* » (*idem*, nous soulignons).

Le passage de l'amour de soi à l'amour-propre repose sur l'opération primitive de la raison, la *comparaison* :

« [...] le premier regard qu'il [Émile] jette sur ses semblables le porte à se comparer avec eux ; et le premier sentiment qu'excite en lui cette comparaison, est de désirer la première place. Voilà le point où l'amour de soi se change en amour-propre, et où commencent à naître toutes les passions qui tiennent à celle-là[1] ».

L'amour-propre n'est donc que l'amour de soi *réfléchi*. D'où découlent deux conséquences : la première est que le sauvage, incapable de raison et de comparaison, ignore l'amour-propre et toutes les passions qui en découlent ; la seconde est que l'amour-propre est une relation à soi qui enveloppe une relation à autrui. Désirer être le premier, c'est se déterminer par rapport au second, au troisième, etc.

Réfléchi, l'amour-propre l'est également en un sens optique : au sens où l'on dit, par exemple, que le miroir réfléchit mon visage. Toutes les passions qui en dérivent (vanité, orgueil, jalousie, honneur) confirment que l'amour-propre n'est pas l'amour *de ce que l'on est* mais l'amour *de l'image* que les autres renvoient de nous-mêmes. C'est pourquoi il nous tient sous la *dépendance* de l'opinion d'autrui. L'important n'est plus désormais ce que je suis mais ce que je vaux selon l'estime publique.

Cette dépendance n'est ni marginale ni secondaire. Elle s'inscrit au cœur du « moi-même », puisque la naissance de l'amour-propre coïncide très exactement avec l'accession de l'homme à la conscience de soi : « [...] Le premier regard qu'il porta sur lui-même y produisit le premier mouvement d'orgueil » (p. 68). Il ne faut pas confondre, en effet, le sentiment d'existence, cette sorte de conscience animale, antérieure à toute comparaison, qui habite le sauvage, et la véritable conscience de soi. Celle-ci, en ce qu'elle me permet de m'affirmer comme *moi-même*, distinct des autres et du monde, suppose une représentation objective de ce que je suis. Or, cette reconnaissance ne peut s'acquérir que par une comparaison. Autrui me renvoie de ma personne une double image, à travers ce qu'il est, « mon semblable » à qui je peux m'identifier, mais aussi à travers ce que je pressens de l'image qu'il se forme de moi.

LA PASSION AMOUREUSE

Cette distinction entre l'amour de soi et l'amour-propre fournit un principe de discrimination qui va permettre contre Hobbes d'éviter toute

1. *Émile*, Livre IV.

confusion entre les passions naturelles et les passions sociales. Innocentes aussi longtemps qu'elles nous resserrent dans les limites de notre solitude, les passions deviennent mauvaises lorsqu'elles enveloppent la comparaison et la dépendance à l'égard d'autrui. Bref, lorsqu'elles se socialisent. C'est ce qu'illustre à merveille l'exemple de la passion amoureuse.

Source de tant de crimes, de ravages et de déchirements, à en croire les moralistes, l'amour semble d'abord témoigner contre la nature humaine. Mais en réalité c'est la confusion entre le physique et le moral dans le sentiment de l'amour qui est responsable de ce mauvais procès ;

« Le physique est ce désir général qui porte un sexe à s'unir à l'autre ; le moral est ce qui détermine ce désir et le fixe sur le seul objet exclusivement, ou qui du moins lui donne pour cet objet préféré un plus grand degré d'énergie » (p. 59).

Ce qui transforme le besoin sexuel en passion amoureuse, c'est la *préférence*. Le besoin physique incite un mâle quelconque à désirer une femelle quelconque. La passion amoureuse attache cet homme-ci à cette femme-là. On notera au passage que ce qui distingue la femme de la femelle, c'est qu'elle est unique. Toute femme est cette femme-ci et pas une autre. Or cette sélectivité de l'amour naît de la comparaison. Les critères de beauté, d'élégance, de grâce et de mérite qui font de *cette femme singulière* un être irremplaçable sont inconnus du sauvage, incapable de comparer. Et sa quête amoureuse reste paisible aussi longtemps qu'à ses yeux toutes les « femelles » se valent.

« Le moral dans le sentiment amoureux » constitue, selon Rousseau, un facteur de dépendance qui contribue à pervertir la passion. D'abord, en fixant le désir sur un être unique, il transforme la liaison ponctuelle du besoin physique en un lien affectif et durable qui menace l'indépendance. Ensuite, préférer, c'est désirer être préféré ; d'où cette rivalité et cette jalousie qui aiguisent l'amour-propre et provoquent tant de querelles et de conflits entre les hommes. Mais par-dessus tout, s'il est vrai, comme dit le dicton, que l'homme propose et que la femme dispose, l'amour inverse l'ordre naturel en permettant aux femmes d'« établir leur empire, et rendre dominant le sexe qui devrait obéir » (p. 59).

LA PITIÉ : DE LA NEUTRALITÉ MORALE À LA BONTÉ NATURELLE

La distinction établie contre Hobbes entre les passions naturelles et les passions sociales explique l'innocence du sauvage. Les passions sont modérées aussi longtemps que la raison ne les éclaire pas ni surtout que l'amour-propre ne vient pas nous assujettir au regard d'autrui. D'où l'on peut conclure à la *neutralité* morale du sauvage. Il n'est pas plus capable de faire le bien que le mal. Au regard de cette innocence originelle, la morale, ouvrage de la raison et du progrès des lumières, n'est qu'un palliatif qui ne freine que les seules passions que la raison engendre.

Toutefois, l'introduction de la pitié vient quelque peu compliquer ce schéma en introduisant l'idée d'une *bonté naturelle*. La bonté, dont la pitié serait le signe évident, assure en effet l'articulation entre la nature (elle est spontanée, irréfléchie et procède de la sensibilité) et la morale qui en tire sa source. La pitié semble donc devoir assurer une continuité entre nature et culture là où toute la stratégie rousseauiste visait précisément à marquer une discontinuité. Mais y a-t-il une ou deux pitiés dont l'une serait naturelle et l'autre sociale ?

Force nous est, tout d'abord, de constater les contradictions formelles dont les analyses de la pitié semblent faire l'objet dans l'œuvre de Rousseau. Le second *Discours* voit dans la pitié « un sentiment naturel, qui, modérant dans chaque individu l'activité de l'amour de soi-même, concourt à la conservation mutuelle de toute l'espèce » (p. 57). Elle est donc antérieure à l'éclosion de la raison. Mais dans l'*Essai sur l'origine des langues* tout comme dans l'*Émile* la pitié est intellectualisée :

« La pitié, bien que naturelle au cœur de l'homme, resterait éternellement inactive sans l'imagination qui la met en jeu. Comment nous laisserons-nous émouvoir à la pitié ? En nous transportant hors de nous-mêmes ; en nous identifiant avec l'être souffrant. Nous ne souffrons qu'autant que nous jugeons qu'il souffre. [...] Celui qui n'a jamais réfléchi ne peut être ni clément, ni juste, ni pitoyable [1]. »

La difficulté ne porte pas uniquement sur la cohérence entre le second *Discours* et les textes postérieurs, elle touche d'abord à la cohérence

1. *Essai sur l'origine des langues*, chap. IX.

interne du second *Discours*. En effet, Rousseau admet que « la commisération [n'est] qu'un sentiment qui nous met à la place de celui qui souffre » (p. 56). C'est donc bien l'*identification* à *autrui* qui explique la pitié : je m'identifie à l'autre et je souffre de sa douleur. La pitié n'est donc que le prolongement de l'amour de soi sur autrui. Mais si tel est le cas, on voit mal comment la pitié pourrait convenir au sauvage qui est incapable de la moindre comparaison. Rousseau ne commet-il pas lui-même l'erreur d'attribuer au sauvage une vertu sociale ?

La difficulté est réelle mais la contradiction apparente peut être levée, si l'on distingue entre deux formes d'identification. La première est une identification fusionnelle, dont le petit enfant, le sauvage ou même l'animal donnent des exemples. S'inscrivant dans une relation immédiate, antérieure à toute distinction entre moi et autrui, elle prolonge l'amour de soi sur le monde extérieur : le sauvage, ainsi que l'animal, éprouve une répugnance spontanée en présence de la douleur de ses congénères comme s'il l'éprouvait en lui-même. La seconde apparaît avec les premières comparaisons. Contemporaine de l'éveil de la conscience de soi et donc de l'amour-propre, elle est sans doute plus éclairée, mais aussi plus faible. Car, comme le remarque Rousseau dans l'*Émile*, elle s'accompagne du sentiment d'être soi-même épargné par la douleur. La pitié sociale n'est donc qu'une douleur *imaginaire*.

Cette évocation de la pitié infléchit tout en le précisant le sens de l'analyse des rapports entre nature et culture. Elle apparaît, en premier lieu, comme une simple autolimitation de l'amour de soi qui nous inspire la maxime de la bonté naturelle : « Fais ton bien avec le moindre mal d'autrui qu'il est possible » (p. 57). Le respect de cette maxime est *naturel*, au sens où non seulement il ne dépend d'aucune réflexion préalable, mais aussi parce qu'il n'impose aucun sacrifice. C'est spontanément que le primitif limite ses exigences afin de ne pas souffrir du mal qu'il infligerait autour de lui. Cette maxime maintient donc le primitif dans les limites de la sphère de sa solitude ; si elle enveloppe une relation à autrui, ce n'est que de manière négative. Au contraire, le principe de la justice raisonnée (ou morale) : « Fais à autrui comme tu veux qu'on te fasse » (p. 57) nous oblige à considérer l'intérêt d'autrui en même temps que le nôtre, parfois même avant. Comme le rappelle l'étymologie, il n'y a pas de vertu[1] sans

1. *Vertus* en latin vient de *vir* (homme) et désigne par extension les qualités morales, le courage et l'énergie au combat.

combat (avec soi-même) ni sans sacrifice. La pitié naturelle est donc pré-morale ; ce qu'elle exprime, c'est l'innocence et l'indépendance du sauvage, non un sens inné de la justice.

Mais, en second lieu, la présence de la pitié naturelle détermine la solitude originelle comme une *solitude expansive* qui prolonge l'amour de soi en un amour du monde et des autres. La reconnaissance intellectualisée d'autrui, qui se formera avec les premiers liens sociaux, ne pourra qu'affaiblir cet amour expansif. Elle introduira, en effet, la comparaison avec autrui, d'où procèdent l'amour-propre et la jalousie. Considérée sous cet angle, la pitié naturelle n'est donc plus seulement moralement neutre, elle enveloppe cette *bonté positive* où s'exprime l'identité de l'amour de soi et de l'amour du monde.

Il faut noter enfin que c'est cette bonté positive qui confère sa force et son énergie à la vertu. La raison seule peut nous faire connaître la loi morale, mais elle ne saurait nous la faire *aimer* ni surtout nous inciter à la respecter :

« [...] avec toute leur morale les hommes n'eussent jamais été que des monstres, si la nature ne leur eût donné la pitié à l'appui de la raison. [...] En effet, qu'est-ce que la générosité, la clémence, l'humanité, sinon la pitié appliquée aux faibles, aux coupables, ou à l'espèce humaine en général ? » (p. 56).

Bien qu'antérieure à la morale, qui suppose la raison, la pitié est néanmoins la condition naturelle de toute morale. En ce sens, la notion de pitié permet d'articuler nature et culture, tout en maintenant la distance de l'une à l'autre. Naturelle par son origine, la pitié vient s'inscrire dans les relations sociales, comme condition affective de la morale, moyennant une triple transformation : éclairée par la raison, elle me fait concevoir et imaginer la situation d'autrui ; née de la comparaison entre ma condition et celle de l'être souffrant, elle me renvoie à la conscience de ma propre faiblesse ; enfin, s'inscrivant dans l'espace de l'interdépendance entre les hommes, elle m'incite à venir en aide aux malheureux. Par tous ces traits, la pitié socialisée porte les marques de la culture.

L'INÉGALITÉ SOCIALE ET LA SERVITUDE INTÉRIEURE

Le long détour suivi par Rousseau pour établir l'autosuffisance de l'état de nature nous a-t-il éloigné de la question des sources de l'inégalité ? En aucune façon. Il fallait avant tout dénoncer les risques d'une assimilation entre nature et histoire pour éviter de projeter dans les origines l'image de l'homme socialisé. L'évocation du *pur* état de nature permet alors de trancher la question des inégalités.

Les inégalités sont d'abord celles des talents et des mérites. Or s'il est vrai que la raison et le progrès ne sont pas naturels, que dans l'état de nature « l'homme restait toujours enfant » (p. 62), la source naturelle des inégalités est pour ainsi dire tarie. En outre, l'uniformité des modes de vie, l'absence d'éducation, qui diversifient les talents et accroissent les distances, favorisent l'égalité des conditions. C'est la culture, et elle seule, qui développe de manière inégalitaire les talents et les dispositions.

Mais les inégalités *sociales* ne se réduisent pas aux inégalités de talents ou de mérites. Si, dans la société, les inégalités sont si difficiles à vivre, si blessantes pour l'amour-propre, c'est parce qu'on les intériorise. On peut bien dire, par exemple, qu'un cheval est plus rapide qu'un autre, ou que le lion est plus majestueux que les autres animaux. Mais cette inégalité repose sur une simple comparaison *objective* qui n'affecte en rien la conscience des êtres comparés. Les inégalités sociales, au contraire, sont celles qui se réfléchissent au plus profond de la subjectivité. Si le pauvre est (socialement) pauvre, c'est que la conscience qu'il prend de lui-même enveloppe la comparaison entre sa propre condition et celle du riche. Inversement, si le riche accroît ses biens au-delà du nécessaire, c'est qu'emporté par une véritable lutte de prestige, il n'a de cesse de briller aux yeux des autres et de se rendre désirable :

« [...] le sauvage vit en lui-même ; l'homme sociable toujours hors de lui ne fait vivre que dans l'opinion des autres, et c'est, pour ainsi dire, de leur seul jugement qu'il tire le sentiment de sa propre existence » (p. 100).

Le lien de maître à esclave n'est que la forme extrême de cette dépendance psychologique. L'esclave n'est esclave que dans l'exacte mesure où il se sent esclave et où il accepte de se soumettre. Il n'y a de servitude qu'intérieure et consentie. La seule force physique peut bien expliquer qu'un homme, en proie au besoin, réussisse ponctuellement à en subjuguer un autre ; elle ne suffira jamais à faire comprendre que ce lien puisse se perpétuer. La servitude suppose une dépendance mutuelle et intériorisée qui amène l'esclave à accepter la loi du maître et le maître à ne plus pouvoir se passer de son esclave. La servitude est une véritable pathologie sociale de l'âme qui altère l'homme dans ce qu'il a de plus essentiel : la liberté de sa volonté. Reste à comprendre l'évolution qui a conduit l'homme à passer de sa solitude existentielle à la dépendance sociale. Tel sera l'objet de la seconde partie.

SECONDE PARTIE : L'HOMME EN SOCIÉTÉ

L'objet du second *Discours*, on l'a vu, est de « marquer dans le progrès des choses le moment où le droit succédant à la violence, la nature fut soumise à la loi » (p. 29). La première partie a montré que l'ignorance et l'innocence du primitif étaient destinées à se perpétuer indéfiniment aussi longtemps que l'homme restait enfermé dans le cercle de la temporalité naturelle. La seconde partie va indiquer les conditions qui rendent intelligible l'évolution, une fois lancée la première impulsion qui ouvre la nature sur l'histoire. La démarche suivie par Rousseau n'est pas à proprement parler historique (elle ne renvoie à aucun fait vérifiable) mais généalogique et hypothétique. Trois choses sont sûres : la première, que la nature excluait toute évolution et rendait la Justice et l'État inutiles ; la deuxième, que cette évolution a bien eu lieu et qu'au moins pour certains peuples elle a rendu nécessaire l'institution d'un état civil ; enfin, que sur le terrain du politique, les germes de la servitude et des inégalités ont fini par se développer, éloignant toujours davantage l'homme de lui-même. Pour relier ces faits incontestables, et en l'absence de toutes connaissances positives des étapes, on ne peut que former des conjectures. L'important n'est pas qu'elles soient vraies mais qu'elles nous permettent de saisir le sens de cette évolution et la nature des sociétés modernes.

Selon l'axiome de Locke[1], « il ne saurait y avoir d'injure, où il n'y a point de propriété » (p. 74). Les lois juridiques établies et garanties par l'État

1. Philosophe anglais (1632-1704), auteur de deux *Traités du Gouvernement civil*. Théoricien du libéralisme politique, il estime que le rôle de l'État doit se borner à la défense de la propriété privée.

fixent le mien et le tien et assurent à chacun la jouissance de sa propriété privée. D'où la célèbre ouverture de la seconde partie :

« Le premier qui, ayant enclos un terrain, s'avisa de dire : Ceci est à moi, et trouva des gens assez simples pour le croire, fut le vrai fondateur de la société civile » (p. 66).

Locke a parfaitement raison lorsqu'il estime que la propriété est la condition et la fin du politique, mais il se trompe lorsqu'il suppose que la propriété répond à un besoin naturel. Ce prétendu point de départ va en réalité se révéler comme un point d'arrivée, le résultat d'un long processus d'évolution sociale et psychologique. Le sens de la propriété requiert en effet deux conditions qui mesurent la distance parcourue par l'homme depuis ses origines : l'amour-propre, qui conduira à la rivalité et à la concurrence, et la division du travail, source des dépendances sociales. C'est de l'apparition et de la conjonction de ces deux conditions qu'il s'agit de rendre compte. Véritable pivot autour duquel gravite toute la description de l'évolution historique du genre humain, l'émergence de la propriété privée commande l'analyse des étapes de l'évolution des sociétés. Ces étapes sont les suivantes :
– la naissance des premières associations ou le « second état de nature » au cours duquel se nouent les premiers liens sociaux ;
– la dégradation de ce « second état de nature » jusqu'à l'état de guerre dont on ne sortira (momentanément) que par le pacte social ;
– la dégénérescence inéluctable des gouvernements issus de ce pacte depuis la démocratie jusqu'à la tyrannie.

La première étape, bien qu'elle se situe en amont de la propriété privée, voit l'émergence de sa condition psychologique : l'amour-propre. La seconde nous montre les conditions de sa naissance : l'investissement de l'amour-propre dans le champ économique et les ravages qu'il produit dans les relations sociales entre les hommes. Enfin, la troisième étape montre comment et pourquoi la société civile, née de la propriété privée, ne pouvait que dégénérer en tyrannie.

NAISSANCE DES PREMIÈRES NATIONS

Nous l'indiquions plus haut, le concept d'*état de nature* enveloppe une ambiguïté. Il peut désigner soit l'état originel de l'homme tel qu'il est sorti des mains de la nature, soit l'ensemble de la période qui précède l'institution de l'état civil par le pacte social. Rousseau va prendre soin de distinguer ces deux aspects afin d'accentuer le caractère historique (et non naturel) des circonstances qui expliquent la nécessité de son instauration. On peut donc désigner cette première phase d'évolution qui précède le pacte comme le « second » état de nature. C'est au cours de cette phase d'évolution que l'homme va progressivement sortir de sa solitude et de sa léthargie intellectuelle.

L'ASSOCIATION LIBRE

Aussi longtemps que le sauvage ne rencontra aucun obstacle pour subvenir à ses besoins, aucune évolution ne put avoir lieu. L'histoire de l'homme et de ses progrès, commence avec les difficultés qu'il fallut surmonter pour survivre. C'est lorsque la nature n'est plus suffisamment généreuse pour combler immédiatement les besoins de l'homme que la perfectibilité, qui n'était jusqu'ici qu'une simple puissance en sommeil, va commencer à produire des effets observables. L'homme compense ce déficit en inventant les premières techniques, l'arc, les flèches, l'hameçon, l'art de conserver le feu, etc. En même temps qu'il se trouve dans la nécessité de surmonter les premières difficultés et d'inventer des techniques rudimentaires de survie, le primitif sort de l'immédiateté où sa béatitude originelle le maintenait. Il commence à comparer et des premiers jugements vont sortir les premières réflexions. Réflexions sur les choses, entre lesquelles il établit des rapports ; réflexion sur lui-même, lorsqu'il compare son adresse et son habileté à celles des animaux qu'il pourchasse : signes avant-coureurs de ce qui deviendra bientôt la conscience de soi et l'amour-propre.

L'homme ne se compare pas seulement aux animaux, il commence également à se familiariser avec son semblable dont il songe désormais à tirer parti lorsque le besoin s'en fait sentir. C'est ainsi que se forment les premiers liens et les premiers engagements scellés grâce au seul langage que la nature ait concédé aux hommes : les sons imitatifs et les gestes expressifs. Les premières associations humaines en sont l'ouvrage.

Ces « associations libres » ne sont pas encore des communautés, encore moins des sociétés. Tout au plus peut-on dire qu'elles tiennent le milieu entre la solitude absolue du primitif et l'existence sociale à venir. En effet, le principe qui rassemble ponctuellement des hommes indépendants en une association éphémère est l'entraide que peut susciter la convergence des besoins. Mais sitôt le besoin disparu, chacun revient à sa solitude initiale. Il s'agit là d'un point essentiel dont la pensée de Rousseau[1] : c'est la passion et non le besoin qui fédère durablement les hommes et constitue le véritable ciment social. Le seul besoin physique isole l'être dans la sphère de sa solitude psychologique ; il peut bien le pousser à utiliser son semblable pour parvenir à ses fins, mais il ne crée aucun lien moral. Le lien que suscite le besoin reste purement extérieur ; le lien social, au contraire, est intérieur. Il suppose, comme l'écrira Hegel, que l'on reconnaisse l'*autre que soi* comme un *autre soi* : un *tu* et non plus un *il*, c'est-à-dire un sujet et non simplement un objet dans le monde. Cette intériorisation de la relation à autrui se révèle dans la pitié, qui me fait participer par procuration à la douleur d'autrui, ou dans l'amour qui propage le sentiment de soi sur l'être aimé. L'identification fusionnelle est le principal fondement de ce lien entre les consciences.

Le lien social est donc passionnel. C'est pourquoi, de manière récurrente, Rousseau l'associe à la fête où, dans l'ivresse populaire, chacun éprouve le sentiment d'échapper aux limites de son individualité finie et se fond dans une existence collective. C'est dans la jouissance du partage et non dans le travail collectif que se tissent les premiers liens sociaux, qui voient le jour au cours des deux étapes suivantes de l'évolution : l'« âge des cabanes » et la naissance des premières nations.

L'ÂGE DES CABANES

Les premiers développements des techniques amènent bientôt les hommes à se construire des cabanes rudimentaires. Tel est l'« âge des cabanes ». « Ce fut là l'époque d'une première révolution qui forma l'établissement et la distinction des familles... » (p. 70). La vie sédentaire favorise la formation de familles stables entre les membres desquelles

1. *Cf.* l'*Essai sur l'origine des langues* et notre commentaire.

se tissent des liens plus serrés et plus durables et où se manifestent déjà les premiers sentiments. En même temps que les mœurs s'affinent, on commence à prendre goût aux douceurs et aux commodités que ménage une existence plus molle, ponctuée de longues périodes d'oisiveté. Toutefois, ce premier lien est encore trop biologique, trop marqué par la nature pour que l'on puisse déjà parler d'existence sociale. Le lien social suppose plus de distance ; il se forme non à l'intérieur mais à l'extérieur du noyau familial, à l'occasion de l'échange entre les membres de familles différentes. Les premières nations surgissent de la fédération des familles.

Supposons que des catastrophes naturelles, par exemple des inondations, détachent des portions du continent et découpent en îles les territoires sur lesquels se sont implantées les premières familles. La nécessité et l'habitude de vivre ensemble favoriseront d'autant plus aisément l'apparition d'une langue commune à ces familles que les progrès de l'intelligence et le développement des relations humaines en ont préparé l'éclosion. Le terrain est mûr pour la formation des premières communautés nationales.

LES COMMUNAUTÉS SAUVAGES

La description des étapes précédentes restait strictement conjecturale ; en revanche, celle des communautés sauvages est vérifiée par le récit des voyageurs qui nous ont laissé des témoignages sur les tribus qu'ils ont rencontrées. Ces témoignages nous assurent non seulement de l'existence des communautés sauvages mais aussi de leur stabilité et de leur capacité à défier le temps et à figer l'histoire :

« L'exemple des sauvages qu'on a presque tous trouvés à ce point semble confirmer que le genre humain était fait pour y rester toujours, que cet état est la véritable jeunesse du monde… » (p. 74).

L'illusion rétrospective qui voit dans ces tribus des peuplades arriérées, qui n'auraient pas réussi à franchir toutes les étapes de la maturation normale, repose sur la confusion entre le social et l'économique. On croit généralement que plus les échanges économiques se développent, plus fort est le lien social. Or, on l'a vu, il n'en est rien. C'est l'affection, l'habitude de vivre ensemble et le sentiment d'appartenir à une même communauté qui tiennent lieu de ciment social. L'origine des premières notions réside dans les échanges affectifs qui s'établissent entre les familles, au cours de ces périodes d'oisiveté où la tension du besoin et du travail se relâche. À l'aube de l'humanité, la vie sociale a la fraîcheur des relations amoureuses qui se nouent entre les jeunes gens des familles de même voisinage.

Toutefois il n'y a pas d'union sans dissension. L'élan qui me porte à reconnaître autrui comme un semblable, me ramène à moi même et m'incite aux comparaisons. Le lien social et l'amour-propre ont la même origine. Voilà pourquoi la fête inaugurale des premières sociétés prélude aux guerres à venir : « Chacun commença à vouloir être regardé soi-même, et l'estime publique eut un prix » (p. 73). Avec l'amour-propre ce sont la dépendance psychologique et l'inégalité qui font leur apparition. Les blessures de vanité multiplient les occasions de conflit et de vengeance : les « bons » sauvages ont déjà perdu leur innocence primitive.

Et pourtant « cette période du développement des facultés humaines, tenant un juste milieu entre l'indolence de l'état primitif et la pétulante activité de notre amour-propre, dut être l'époque la plus heureuse et la plus durable » (p. 74). Les conflits dont la source unique réside dans les blessures d'amour-propre sont vite réglés. La crainte des vengeances tient lieu de loi et la pitié encore vivace, réglée par les premières lumières de la raison, fait office de sagesse. Un nouvel équilibre s'établit. Les premières difficultés rencontrées par les hommes avaient ouvert la nature sur l'histoire, amorçant le processus qui devait arracher l'homme à sa solitude. Voilà maintenant que la spirale de l'évolution se referme sur cette durée immobile des peuples heureux et sans histoire.

UNE COMMUNAUTÉ SANS LOIS ET SANS ÉTAT

Les communautés primitives ne sont pas seulement à l'abri des vicissitudes de l'histoire, elles échappent également à l'emprise des lois et des États. Le ciment social réside dans l'habitude et la volonté de vivre ensemble. Ce sont des mœurs communes et non le droit qui harmonisent les relations entre les membres du groupe. Sans doute les mœurs et les lois ont-elles les mêmes fonctions : elles rassemblent des individus épars pour former une communauté soudée. Mais leur statut est fondamentalement différent. Les mœurs et les coutumes régulent les comportements sans recourir à la contrainte. Leur efficacité est d'autant plus grande que, pour l'essentiel, elles n'affleurent même pas à la conscience ;

elles sont vécues et non concertées. Elles respectent la spontanéité de relations qui restent placées sous le signe de l'immédiateté. Bref, ce sont des manières d'être collectives bien plus que des règles.

Les lois juridiques sont à la fois plus abstraites et plus lointaines. D'un côté, elles doivent leur existence à une convention, c'est-à-dire un accord qui met en œuvre la réflexion collective : leur fondement est la pensée et non l'existence. D'un autre côté, le soin de les appliquer est dévolu à l'État qui joue le rôle de médiateur entre les membres de la société. Les mœurs unissent les hommes ; les lois les empêchent de s'entre-déchirer. Aussi longtemps que le principe de liaison sociale (l'amour et la pitié) l'emporte sur le principe de déliaison (l'amour-propre), les mœurs communes tiennent lieu de loi. Lorsque le poison de l'amour-propre commence à se répandre, déchirant le tissu social, l'institution de lois, garanties par un État policé, constitue l'ultime parade. On passe alors de la communauté primitive à la société civile.

LA DÉCADENCE DU « SECOND ÉTAT DE NATURE » : NAISSANCE DE LA PROPRIÉTÉ PRIVÉE

Le virus de la dissension, cette forme de dépendance psychologique que représente l'amour-propre, est contracté dès que se noue le premier lien social. Mais le mal ne peut se déclarer que lorsque l'amour-propre investit le champ économique :

« [...] dès l'instant qu'un homme eut besoin du secours d'un autre ; dès qu'on s'aperçut qu'il était utile à un seul d'avoir des provisions pour deux, l'égalité disparut, la propriété s'introduisit, le travail devint nécessaire et les vastes forêts se changèrent en des campagnes riantes qu'il fallut arroser de la sueur des hommes, et dans lesquelles on vit bientôt l'esclavage et la misère germer et croître avec les moissons » (p. 75).

L'inégalité sociale, la propriété privée, l'agriculture, le travail et la misère ont donc une même origine : la dépendance économique, la nécessité de recourir à autrui pour subvenir à ses besoins. Mais *cette dépendance économique n'est pas dictée par le besoin physique ni par la nature ; elle est d'origine sociale*. Le besoin physique est sobre. Il lie l'homme à la nature, non à l'homme. Le modèle économique de Rousseau est celui de

Robinson Crusoé : l'individu doit pouvoir être autonome. Dans le premier état de nature, le besoin est immédiatement comblé grâce aux prodigalités du milieu. Dans le second état de nature, les hommes peuvent bien se livrer à des activités collectives de chasse ou de pêche, mais la division du travail est encore inconnue. Chacun revient au village avec le gibier ou le poisson dont il s'est *lui-même* emparé. Affirmer, comme le fait Rousseau, que le lien social est à l'origine exclusivement passionnel, a pour corollaire le principe de l'indépendance économique. Dès lors, l'accélération des échanges économiques va apparaître comme le symptôme d'une contamination de la sphère du besoin par l'amour-propre. Le besoin physique et la passion sociale finiront par se confondre et précipiteront l'homme dans la dépendance et la servitude.

C'est en ce point de l'analyse que se révèle le plus clairement ce mélange de hasard et de nécessité qui fait la trame de l'histoire des hommes. Tout commence par le hasard, la pure contingence : l'irruption d'un volcan qui crache le fer en fusion des entrailles de la terre donne aux hommes la malheureuse idée de forger le fer. Tout s'enchaîne alors selon une implacable nécessité. La métallurgie donne naissance à l'agriculture selon la logique de la division du travail. L'agriculture à son tour fait naître la propriété privée et les premières règles de justice. Mais les effets de l'inégalité commencent à se faire sentir en même temps que l'amour-propre entre en jeu. Les liens de dépendance entre les hommes se multiplient et se resserrent. S'inscrivant dans la lutte de prestige que les hommes mènent les uns contre les autres, la propriété privée est emportée dans une course à l'expansion illimitée ; jusqu'au moment où les riches se partagent tout le territoire, condamnant une partie de la population à la misère et aux rapines. En l'absence de toute force publique, la violence se répand. L'ultime chance de mettre un terme à cet état de guerre généralisée, sera le pacte social d'où naîtront le droit et la société civile.

LE FER ET LE BLÉ

« Pour le poète, c'est l'or et l'argent, mais pour le philosophe ce sont le fer et le blé qui ont civilisé les hommes et perdu le genre humain » (p. 75). La métallurgie et l'agriculture sont les véritables commencements d'un processus qui va briser les premières communautés et rendre à terme nécessaire le pacte social d'où naîtront le droit positif et l'État. Comme toujours chez Rousseau, ce commencement marque une rupture avec la période précédente : un surgissement que rien ne laissait présager. Ni la métallurgie ni l'agriculture ni toute l'économie développée qui va en découler ne s'enracinent dans la logique du besoin physique. Ce n'est pas pour vivre (ni même pour mieux vivre) que l'homme forge le fer et trace le sillon. À preuve le bonheur et l'abondance dont jouissent les peuples qui ne consacrent qu'une partie infime de leur temps aux activités économiques de chasse, de pêche et de cueillette. Mais en outre la métallurgie et l'agriculture introduisent une véritable révolution dans l'activité économique que déploie l'homme pour combler ses besoins. Les peuples sauvages s'appliquaient « à des ouvrages qu'un seul pouvait faire, et [...] à des arts qui n'avaient pas besoin du concours de plusieurs mains... » (p. 75). L'indépendance économique était le garant de la liberté de chaque famille et de la paix de la communauté tout entière. Il n'y a de bonheur et de liberté, selon Rousseau, que dans l'autosuffisance.

Or, avec la métallurgie et l'agriculture s'introduit à tout jamais la division du travail. Car les deux activités sont inséparables. Dès l'instant qu'une partie de la communauté consacre son temps à travailler le fer, l'autre partie doit produire un surplus de biens pour la nourrir.

L'économie d'autosuffisance a vécu. On ne vit plus naturellement de la terre ; il faut désormais l'exploiter et pour cela utiliser les outils que procure la métallurgie. C'est ainsi que le travail du fer rend tout à la fois *possible* et *nécessaire* l'agriculture en même temps qu'elle suscite l'apparition des premières formes de troc : l'agriculteur échange le surplus des produits de la terre contre les outils que lui fournit le métallurgiste.

Mais comment les hommes ont-ils pu renoncer aussi facilement à cette indépendance économique et accepter de se rendre ainsi dépendants d'autrui ? Il fallait qu'une propension à la dépendance existât déjà. Or celle-ci n'est autre que l'amour-propre. Il reste à comprendre comment cette forme de dépendance psychologique a pu se muer en une dépendance économique et sociale.

LA NAISSANCE DE LA PROPRIÉTÉ PRIVÉE ET LES PREMIÈRES RÈGLES DE JUSTICE

La naissance de l'agriculture provoque une nouvelle révolution qui va affecter le rapport de l'homme à l'espace et au temps. C'est de cette révolution que procède la propriété privée. Entre les mains de l'agriculteur, la terre cesse d'être ce lieu natal ou cette mère nourricière avec laquelle l'homme était resté dans une relation quasi fusionnelle. Elle est devenue une simple matière première à exploiter et à rentabiliser par le travail et la technique. C'en est fini de ce lien charnel de l'homme avec la nature. Celle-ci n'est plus qu'un objet dont le laboureur peut se considérer « comme maître et possesseur[1] ».

Mais c'est également la relation au temps qui va se trouver entièrement bouleversée. L'économie d'autosuffisance maintenait l'homme dans le présent. Ou presque. Qu'il s'agisse de la chasse, de la pêche ou de la cueillette, le moment de la jouissance suit et parachève celui de l'effort. Rien de tel avec l'agriculture. Le délai s'allonge entre le moment du travail et celui où l'on en recueille les fruits. Avec l'agriculture commence la prévision et les provisions qui appellent le sacrifice du présent à l'avenir, de la jouissance à la prudence : bref, on entre dans l'espace de l'économie et du calcul.

L'émergence de la propriété privée et celle des premières règles de justice (ce que l'on appelle au XVIIIe siècle le droit naturel) sont les conséquences directes de cette révolution dans le rapport à l'espace et au temps. La propriété privée n'est d'abord que le corrélat du travail que l'agriculteur a développé sur la terre et qui lui donne un droit *immédiat* sur les fruits de son labeur, et *indirectement* sur la terre qui porte ces fruits. Chacun doit pouvoir être assuré de récolter ce qu'il a semé. C'est pourquoi le laboureur peut s'estimer à juste titre le possesseur de la terre durant le laps de temps qui précède la récolte. Et de saison en saison cette possession continue, se perpétue jusqu'à équivaloir *de facto* à une propriété permanente. Telle est l'origine naturelle de la revendication que chacun peut faire valoir sur ce qu'il estime être son bien propre. Aussi longtemps que les fruits de la terre étaient le bien de tous, la justice, aussi bien comme exigence morale

1. Expression de Descartes dans le *Discours de la Méthode*.

que comme système de répression, n'avait aucune raison d'être. La terre étant la propriété collective, il était plus aisé de cueillir, de chasser ou de pêcher soi-même plutôt que de disputer son bien à autrui. C'est l'agriculture qui fait naître les occasions de rapines. Il importe désormais de délimiter plus précisément le « mien et le tien », d'enclore son champ, de se retirer « chez soi ». C'est ainsi que les premières manifestations de la dépendance économique, en même temps qu'elles imposent les premières règles du droit naturel, entament à tout jamais l'unité et l'homogénéité de la communauté primitive.

L'EXPANSION DE LA PROPRIÉTÉ PRIVÉE ET LE DÉVELOPPEMENT DES INÉGALITÉS

« Les choses en cet état eussent pu demeurer égales... » (p. 78). En principe, certes. En réalité, tous les ingrédients sont déjà en place pour engager la propriété privée dans cette course folle qui, sans rapport avec le besoin physique, va concentrer la totalité des terres entre les mains de quelques-uns, ne laissant aux autres que le choix entre la misère et la violence.

Pourtant, contrairement à ce que laisserait penser l'ouverture de la seconde partie, Rousseau ne tient pas la propriété privée pour un mal en soi. Dans l'*Économie politique*, il va jusqu'à la présenter comme « le plus sacré de tous les droits des citoyens ». Il y a en effet une authentique légitimité de la propriété, mais c'est à la condition expresse qu'elle reste inscrite dans des limites que fixent très précisément trois conditions.

Premièrement, c'est le travail et non la simple occupation des sols qui représente le seul titre légitime de propriété. De sorte que chacun n'a de droit que sur cette seule portion de terre qu'il est en mesure, lui et sa famille, de faire fructifier. La seconde limite est le besoin. Les fruits de la propriété doivent servir uniquement à assurer l'indépendance de chaque famille en pourvoyant aux besoins de chacun de ses membres, et en dégageant le surplus nécessaire pour se procurer les outils auprès du métallurgiste. La raison d'être de la propriété est donc l'indépendance et non le mercantilisme ni les échanges économiques.

Enfin, dernière limite, qui découle des deux premières, la propriété du sol n'est pas une propriété absolue ; elle n'est que la condition de l'appropriation des fruits du travail. Laisser une terre en friche, ou simplement ne pas avoir les moyens de la travailler soi-même, c'est renoncer à ses titres. C'est pourquoi, dans le *Contrat social*, Rousseau préconise d'accorder aux citoyens le seul usufruit des terres, réservant la nue-propriété à la communauté tout entière.

Ce sont précisément ces limites qui vont voler en éclats sous l'effet de l'introduction de l'« amour-propre intéressé ». Les inégalités naturelles d'habileté, de force ou de courage trouvent dans l'exploitation des terres matière à s'incarner : « Les différences des hommes, développées par celles des circonstances, se rendent *plus sensibles*, plus permanentes dans leurs effets... » (p. 78, nous soulignons). Prise au premier degré, cette proposition semble justifier l'inégalité des propriétés, puisqu'elle sanctionne les inégalités de talent et de courage. En réalité, cette objectivation des inégalités est la voie où s'engouffre l'amour-propre qui va désormais soumettre la réalité économique à l'empire des apparences. En effet, avec l'apparition de la propriété privée, les inégalités naturelles deviennent désormais *sensibles*. Cela signifie deux choses. D'abord les inégalités commencent à influer sur le mode d'existence. Mais ensuite et surtout elles deviennent apparentes, puisque la prospérité de la propriété mesure les mérites du propriétaire. Devenue signe extérieur de mérite, la propriété privée va se laisser entièrement absorber par la logique de l'amour-propre. D'abord, de simple moyen en vue de la satisfaction des besoins qu'elle était au départ, la propriété privée est devenue une fin en soi, puisqu'elle objective le « moi relatif » : ce que je suis *pour autrui*. L'économie s'émancipe définitivement du besoin physique et déploie un espace proprement social où le signe vaut pour lui-même et rompt toute attache avec ce dont il était signe. Dès lors la personne s'identifie à son *avoir*, son existence pour autrui, consacrant ainsi le règne de l'apparence et de l'opinion :

« Être et paraître devinrent deux choses tout à fait différentes, et de cette distinction sortirent le faste imposant, la ruse trompeuse, et tous les vices qui en sont le cortège » (p. 79).

Ce qui importe, ce n'est plus ce que l'on est mais ce que l'on a ; non ce que l'on a absolument, mais ce que l'on possède en plus ou en moins par rapport aux autres. Ne valant plus que par comparaison, la propriété privée va s'inscrire dans une véritable lutte de prestige où le signe et l'apparence prennent de plus en plus d'ascendant sur la réalité des besoins.

DES PROGRÈS DE LA DÉPENDANCE À LA VIOLENCE GÉNÉRALISÉE

Du travail du fer est née la *possibilité* de l'agriculture. Mais, on l'a vu, au regard des seuls besoins physiques et naturels, le travail de la terre apparaît d'autant plus superflu qu'il subordonne un effort réel à un gain à venir et hasardeux. Et surtout il substitue à une économie d'autosuffisance, où chacun est son propre maître et n'a à compter que sur ses propres forces, une économie fondée sur l'interdépendance économique. Sans lien essentiel avec le besoin physique, cette dépendance n'a pu s'installer durablement que parce qu'elle était portée par l'amour-propre qui nous fait chercher dans le regard d'autrui le secret de ce que nous sommes et le principe de notre gloire.

C'est pourquoi, la propriété privée, aussi légitime puisse-t-elle être, si on la réfère au travail qui lui confère ses titres, induit une dégradation qui va précipiter les hommes à leur perte. L'apparence se nourrit d'elle-même. Il faut paraître ce qu'on n'est pas, si l'on veut intéresser autrui à notre sort et accroître notre propriété. Mais de toutes les apparences, c'est la propriété qui en impose le plus. De sorte que la quête de la propriété comme fin suscite la quête de la propriété à titre de moyen. Tous les freins, toutes les limites sont désormais emportés. Les uns accaparent toutes les terres, tandis que les autres sont réduits à travailler en qualité d'ouvriers agricoles. L'invention de l'argent, la transmission des biens par héritage achèveront d'instaurer l'inégalité avec les trois conséquences catastrophiques qui en découlent : d'abord la dépendance sociale qui soumet le sort du pauvre au bon vouloir du riche, et l'ambition de celui-ci au travail de son serviteur. La *maîtrise* de la nature s'est muée en une *servitude sociale*. Deuxième conséquence : la pénurie. L'histoire de l'humanité commence dans l'abondance et s'achève dans la misère. Rousseau inverse l'ordre apparent. Ce n'est pas pour combattre la misère que les hommes se livrent à une économie d'échange ; c'est au contraire celle-ci qui, en transformant la terre en signes et en marques de prestige, déconnecte les biens du besoin physique et suscite l'excès de richesse chez les uns et le dénuement total chez les autres. Enfin la dernière conséquence est la violence, et, pour reprendre l'expression de Hobbes, « la guerre de tous contre tous ». À partir d'un certain seuil, les plus déshérités, qui n'ont réussi ni à s'enrichir ni à louer leurs bras auprès de riches propriétaires, en sont réduits à s'emparer par la force de leur moyen de subsistance. À peine éveillée dans la conscience des hommes, l'idée de justice (le droit naturel) se scinde en deux pôles contradictoires : le droit de propriété revendiqué par les uns et le droit à la vie exigé par les plus misérables. En l'absence de tout arbitrage, la violence se répand et le genre humain, « par abus des facultés qui l'honorent, se mit lui-même à la veille de sa ruine » (p. 80). Au bord du gouffre, les hommes ne durent leur salut qu'à une convention au terme de laquelle ils acceptèrent de se soumettre à une loi commune : tel est le pacte social. Ici finit l'état de nature et commence l'état civil.

GRANDEUR ET DÉCADENCE DU DROIT

L'évocation de la naissance du droit et de l'état civil qui clôt le second *Discours* se trouve placée sous le signe de l'ambivalence. Pour saisir dans toute sa complexité la position de Rousseau, il faut prendre en compte trois aspects. En premier lieu, l'institution de l'état civil trouve sa nécessité dans les désordres qu'entraîne l'expansion illimitée de la propriété privée. Cette origine entache l'état civil d'une souillure indélébile. Mais, en second lieu, Rousseau va montrer que l'étal civil n'est possible que s'il se fonde sur un consentement unanime qui en assure la légitimité. Enfin, c'est de cette tension entre les circonstances qui rendent *nécessaire* l'état civil et le principe qui le rend à la fois *possible* et *légitime*, que s'éclaire ce que nous avons appelé « la grandeur et la décadence de l'état civil ».

Selon la tradition de l'école du droit naturel (à laquelle Rousseau reste ici fidèle), l'état civil se distingue de l'état de nature, en ce qu'il repose sur une convention où s'expriment l'initiative et l'intelligence humaines : le pacte social. L'état civil naît de la volonté des hommes, et non plus, comme l'état de nature, d'un équilibre spontané. C'est pourquoi il inaugure une phase où, pour le meilleur et pour le pire, les hommes *font* l'histoire.

LE PACTE D'ASSOCIATION

Les théoriciens de l'école du droit naturel distinguent habituellement deux moments dans le pacte social : le pacte d'association et le pacte de gouvernement. Le pacte d'association est l'accord que des hommes passent entre eux et aux termes duquel ils acceptent de se soumettre à des lois communes. Ce pacte, comme son nom l'indique, transforme un « agrégat » d'individus indépendants en une association de concitoyens unis. Le pacte de gouvernement est l'accord passé entre le peuple, une fois uni, avec des magistrats auxquels il confie le soin de faire respecter la loi. Si, dans le *Discours sur l'origine de l'inégalité*, Rousseau reste encore fidèle à la tradition du double pacte, il ne les place pas pour autant sur le même plan mais fait du second le supplément du premier. Le pacte d'association est *premier*, au double sens du terme. D'une part, le principe de la loi réside exclusivement dans la volonté du peuple, soudé par le pacte social, et non dans la volonté des gouvernants. En outre, dans le cours de l'histoire, le gouvernement, comme instance distincte du corps social, n'apparaît que tardivement, lorsque les citoyens ne parviennent plus à s'accorder spontanément sur les décisions à prendre.

Le pacte d'association repose sur un principe simple : faire en sorte que les forces, que mettent en œuvre les individus dans la poursuite de leurs intérêts respectifs, se conjuguent au lieu de s'annuler dans la guerre perpétuelle que se livrent les hommes au terme de la dégradation du second état de nature. L'égalité de tous devant les dangers, l'intérêt de chacun, riches et pauvres, à y mettre un terme, sont les conditions formelles du pacte social qui engage la volonté et la responsabilité de tous les membres de la société. L'unité de l'association ne fait d'abord qu'exprimer la volonté commune de faire cesser l'état de guerre.

Mais en réalité les dés sont pipés. Derrière l'unité de façade, les divergences d'intérêts entre riches et pauvres menacent dès l'origine la cohésion de l'association politique. D'emblée le pacte social et la société civile se trouvent placés sous le signe de la duplicité.

Formellement ce pacte est bien conclu par chacun avec l'ensemble de la communauté. Mais son vice fondamental tient au fait que la condition, avant comme après l'accord, n'est pas la même pour tous. Les grands bénéficiaires sont les propriétaires qui, en plus de la paix, gagnent la reconnaissance de droit de leur propriété. Dans l'état de nature, la « propriété » n'était encore qu'une simple possession issue d'une occupation *de fait* et conservée par la force. Le pacte social transforme cette possession en une propriété *juridique* fondée sur l'engagement de tous les membres de la société à obéir aux lois qui fixent « le mien et le tien » et protégée par la force publique. Le rapport des propriétaires à leur bien est désormais médiatisé et garanti par le lien social. Loin d'éradiquer la source des dissensions, l'état civil en consolide le principe, en conférant à la propriété privée, sans aucune condition de limitation, l'autorité du droit.

C'est pourquoi le pacte social ne peut être conclu que moyennant une véritable duperie destinée à camoufler les enjeux réels de l'association et à sauvegarder les apparences de l'équité. En témoigne le discours que les riches tiennent aux pauvres pour les persuader de conclure ce pacte. Seule y est mise en exergue la paix qui doit en découler. Nulle mention n'est faite de la raison d'être principale du pacte : la sauvegarde et la garantie de la propriété privée. En résulte une dissymétrie qui grève d'emblée la légitimité et la solidité de l'état civil. Tous ont certes consenti à son institution, mais les uns naïvement, dans l'ignorance des enjeux réels et des dangers à venir, les autres avec une arrière-pensée. Si les riches ont tout à gagner du pacte social, les pauvres y perdront leur unique richesse : leur liberté de décision et ce qui reste de leur indépendance. Les lois porteront à tout jamais les stigmates de cette dissymétrie. Loin de pacifier durablement le corps social, elles portent en germe les troubles et les tyrannies futurs.

ORIGINE ET FONDEMENT DU DROIT

Tout se passe comme si le discours qui accompagne et conditionne le pacte social ne pouvait avoir une force de persuasion que dans l'exacte mesure où il en refoule la signification véritable. Ce mensonge n'est pas seulement le fait de la malignité des riches ; il exprime la tension qui unit et divise l'*origine* et le *fondement* du droit et de la société civile.

L'origine du droit est une situation de fait. Il s'agit de l'ensemble des conditions historiques qui, à un certain moment, rendent nécessaire l'institution d'un système de lois. On a vu que ces conditions étaient liées aux développements anarchiques de la propriété privée. *Le fondement du Droit désigne le principe qui confère leur légitimité aux lois*. Or, si les hommes sont libres, et en l'absence de toute autorité transcendante, ce principe ne peut être que l'accord de l'ensemble de la communauté dont le pacte social cristallise l'unité.

Une interprétation de type marxiste consisterait à rejeter ce principe de légitimité et à n'y voir qu'une illusion sécrétée par la classe dominante pour asseoir plus sûrement sa domination. Seule compterait l'origine du droit et de l'État : le coup de force de ceux qui instaurent les lois. Mais, pour Rousseau, une telle réduction aboutirait à confondre état civil et état de guerre. Les lois sont instituées pour mettre définitivement un terme aux conflits. Elles ne peuvent donc tirer leur autorité du seul rapport de forces : « Le plus fort n'est jamais assez fort pour être toujours le maître, s'il ne transforme sa force en droit et l'obéissance en devoir »[1]. Nous l'indiquions déjà plus haut : la force physique peut bien subjuguer ponctuellement un homme ou un peuple, mais elle ne suffit pas à inscrire l'obéissance dans la durée, si la loi ne s'appuie pas sur la volonté des sujets. Il faut que les hommes se reconnaissent dans l'autorité à laquelle ils se plient. Le lien social est un lien moral qui engage la volonté des intéressés, et non un lien physique, s'appuyant sur les seuls rapports de forces. Le pacte social, qui consacre le consentement aux lois, n'est donc pas un voile d'illusion qui couvrirait après coup la réalité sordide du droit et de l'état civil ; il en constitue, au contraire, à la fois la condition de possibilité et le principe de légitimité ; bref, son essence la plus authentique. Par conséquent, la nature de l'état civil est telle qu'il ne peut être que juste : son être et son devoir être coïncident absolument. C'est ce qu'exprimera très clairement le *Contrat social*, et malgré les apparences le *Discours sur l'origine de l'inégalité* ne dit pas autre chose.

Comment comprendre alors que la tyrannie, au terme d'une longue décadence, achève l'ère qui s'ouvrait sous les meilleurs auspices avec le pacte social ? Il faut admettre que l'*existence* de l'état civil puisse être non conforme à son *essence* (ce qui le définit en tant que tel). Un cercle mal tracé fait apparaître un décalage entre son existence empirique et son essence : tous ses points ne sont pas exactement à la même distance du centre. Il ne viendrait pourtant à l'esprit de personne de remettre en cause la définition du cercle. On dira simplement que l'existence empirique de *ce cercle-ci* ne réalise qu'imparfaitement l'essence du cercle en

1. *Du contrat social*, chap. III, Livre I.

général. De la même manière on peut parfaitement soutenir, comme le fait Rousseau, que l'état civil est légitime par essence, mais que les circonstances qui ont déterminé son existence dans les sociétés historiques, finissent par le dénaturer. Les dissensions et les injustices sécrétées par les institutions mesurent ce décalage croissant entre l'essence et l'existence de la société issue du pacte social. Or cette distorsion est le résultat de la tension qui oppose le fondement et l'origine de l'état civil.

Le fondement est le pacte social qui exige l'égalité de tous les contractants. Mais, d'un autre côté, c'est l'inégalité issue du développement de la propriété privée qui rend nécessaire ce même pacte. Pour que l'état civil soit conforme à son essence, il faudrait que le pacte social, au moment même où il a lieu, abolisse les inégalités dont il est issu ; bref, que *le fondement supprime l'origine et s'institue en commencement absolu*[1]. Or, dans le pacte que les riches proposent aux pauvres, la réparation inégalitaire des propriétés n'est pas abolie, mais simplement passée sous silence. Et c'est ainsi que « [...] les vices qui rendent nécessaires les institutions sociales, sont les mêmes qui en rendent l'abus inévitable » (p. 94). En ce sens le pacte social n'est pas suffisamment radical ; il laisse hors de sa juridiction un passé mal surmonté qui ne cessera de hanter l'ère qu'il inaugure. Les lois devraient être l'expression de l'unité et de la liberté du peuple ; elles ne font que consacrer les inégalités établies. Le *droit* qu'instaure le pacte social devrait inaugurer une ère nouvelle, il perpétue *en fait*, en le consolidant, le désordre de l'état de nature décadent. C'est ce péché originel, cette conservation de l'origine dans le fondement du droit et de l'état civil, qui entache la légitimité des sociétés historiques et les condamne à s'éloigner toujours davantage de leur essence. En termes platoniciens, on dirait que les sociétés historiques, en raison de leur origine non surmontée, sont condamnées à n'être que les imitations imparfaites de l'Idée de société, dont le pacte social exprime dans toute sa pureté la formule rationnelle.

---

1. C'est pourquoi la clause unique du pacte dans le *Contrat social* prévoit « l'aliénation totale de chaque associé avec tous ses droits à toute la communauté » (*Du contrat social*, chap. VI, Livre I, c'est nous qui soulignons).

DU PACTE D'ASSOCIATION AU PACTE DE GOUVERNEMENT

« Malgré tous les travaux des plus sages législateurs, l'état politique demeura toujours imparfait, parce qu'il était presque l'ouvrage du hasard, et que, mal commencé, le temps en découvrant les défauts et suggérant des remèdes, ne put jamais réparer les vices de la constitution » (p. 85).

Il fallait « nettoyer l'aire » en attaquant les inégalités à la racine, au lieu de quoi le pacte social les consolide en transformant l'usurpation en propriété juridique. Dès lors les conflits vont très vite refaire surface.

L'absence d'une véritable cohésion, l'intérêt et la facilité que chacun a de transgresser la loi ou de la détourner à son profit, vont bientôt obliger la communauté à confier la charge des affaires publiques à des magistrats. Telle est l'origine du pacte de gouvernement. L'ordre et l'unité ne procèdent plus directement de la volonté du peuple ; elle est désormais imposée d'en haut par les magistrats en charge du gouvernement. La vie politique et l'État naissant sont en passe de se dissocier du corps social.

Pour la plupart des théoriciens du droit naturel, le pacte de gouvernement est le complément naturel et nécessaire du pacte d'association. Le premier fonde l'autorité politique ; le second en définit les conditions d'exercice en instituant l'État. Dans le *Discours sur l'origine de l'inégalité*, le statut de ce pacte, infiniment plus complexe, est marqué d'une ambiguïté où se réfléchit la tension entre l'origine et le fondement de l'état civil. D'un côté, Rousseau, soucieux « d'examiner les faits par le droit », rappelle avec force la condition impérative qui fonde et légitime le pacte de gouvernement : « [...] les peuples se sont donné des chefs pour défendre leur liberté et non pour les asservir » (p. 86). Et dans la lignée de ce principe, il développe une critique de toutes les conceptions qui interprètent ce pacte comme l'abandon volontaire par le peuple de sa souveraineté. Mais, d'un autre côté, la nécessité de confier l'autorité politique au gouvernement est déjà le symptôme des divisions de la communauté et de l'échec du pacte social à assurer un ordre stable. Plus clairement encore que le pacte social, le gouvernement dans son existence empirique, sinon dans son principe, se révèle être un remède qui aggrave le mal qu'il combat. C'est pourquoi l'histoire du gouvernement accompagne et achève le cycle de la décadence.

LA CORRUPTION DU GOUVERNEMENT ET LA SERVITUDE GÉNÉRALISÉE

En droit, le gouvernement n'est qu'un organe subordonné au pouvoir souverain. Sa fonction est d'appliquer les lois, non de s'y substituer, ni surtout de légiférer. Même si dans le *Discours sur l'origine de l'inégalité* Rousseau reste fidèle à la théorie classique du double contrat (pacte d'association puis pacte de gouvernement), il subordonne le second au premier. Le pacte de gouvernement ne peut concurrencer ni, à plus forte raison, effacer le pacte social. Le *Contrat social*, plus radical, rompra définitivement avec la tradition du pacte de gouvernement : « Il n'y a qu'un contrat dans l'État, c'est celui de l'association ; et celui-là seul en exclut tout autre. On ne saurait imaginer aucun contrat public, qui ne fût une violation du premier » [1]. Car, par définition, un contrat est engagement mutuel, où chacune des parties s'oblige à respecter les clauses du contrat. Or Rousseau montrera que le peuple ne peut aliéner, ne serait-ce qu'une partie de sa souveraineté, ni engager sa volonté, sans se dissoudre entièrement comme peuple. En droit, le gouvernement reste une créature soumise au peuple, son souverain. En fait, et avec le temps, le rapport de subordination va s'inverser.

L'émancipation croissante du gouvernement par rapport au corps social dont il est issu mesure, par conséquent, le degré de corruption de l'autorité politique. Et pourtant, cette tendance à dégénérer est inscrite comme une nécessité, tant il est vrai que le gouvernement est le lieu par excellence où s'exprime le divorce entre l'essence et l'existence de l'état civil : la contradiction entre son origine et son fondement :

« Il serait aisé de prouver que tout gouvernement qui, sans se corrompre ni s'altérer, marcherait toujours exactement selon la fin de son institution, aurait été institué sans nécessité, et qu'un pays où personne n'éluderait les lois et n'abuserait de la magistrature, n'aurait besoin ni de magistrats ni de lois » (p. 94).

L'histoire de cette corruption va revêtir trois aspects dont les effets se conjuguent pour précipiter la société dans les dernières extrémités de la servitude. D'abord, l'exercice du pouvoir va devenir l'enjeu d'une lutte

1. *Du contrat social*, chap. XVI, Livre III.

de prestige soumise à la logique de l'amour-propre. En second lieu, l'exécutif prend de plus en plus d'ascendant sur le législatif. Le gouvernement s'arroge la position de souverain et la loi, qui originellement exprimait l'unité populaire, fait place à l'arbitraire du prince. Enfin, miné par les luttes d'ambition et la chasse aux privilèges, le corps social achève de se dissoudre. Le pacte social, qui assurait le lien communautaire et fondait la légitimité du pouvoir politique, n'est plus qu'un vain souvenir.

La sacralisation du gouvernement constitue la première amorce de ce processus de décomposition. Conformément au pacte social, la loi recueille les conclusions de la « délibération publique » en laquelle s'incarnent l'unité du peuple et l'essence de l'État. Mais, en réalité, on l'a vu, cette unité est toute formelle. Les dissensions font peser sur la loi une suspicion qui porte atteinte à son autorité. Seule la croyance en une origine divine du gouvernement peut pallier ce déficit de crédibilité. Le peuple ne voit plus dans la loi l'expression de sa volonté, mais celle des dieux.

Chez les peuples où la trop grande distance entre riches et pauvres interdit l'exercice communautaire des charges gouvernementales (démocratie), cette charge est confiée à une minorité des personnalités éminentes (aristocratie) ou au plus prestigieux d'entre elles (monarchie). La désignation des magistrats s'effectue d'abord par voie élective ; mais la fréquence des élections et la pression des ambitions suscitent tant de conflits et de déchirements que le peuple, lassé, finit par accepter le principe de la transmission héréditaire du pouvoir. Le peuple a définitivement perdu tout contrôle sur les magistrats et le gouvernement s'empare de la souveraineté dont il n'était que l'agent d'exécution : le chef se change en maître.

« Le magistrat ne saurait usurper un pouvoir illégitime sans se faire des créatures auxquelles il est forcé d'en céder quelque partie » (p. 94). C'est l'ambition des courtisans avides de privilèges qui conforte cette usurpation : « [...] la domination leur devient plus chère que l'indépendance, et [...] ils consentent à porter les fers pour en pouvoir donner à leur tour » (p. 94). Véritable vecteur d'un amour-propre qui investit désormais les signes du pouvoir, les courtisans propagent cette « fureur de se distinguer » depuis le sommet jusqu'à la base de la société. Avec une triple conséquence : le sujet s'habitue à choyer sa propre servitude : le lien social achève de se briser ; enfin, la loi fait place aux caprices du prince.

« C'est ici le dernier terme de l'inégalité, et le point extrême qui ferme le cercle et touche au point d'où nous sommes partis. C'est ici que tous les particuliers redeviennent égaux parce qu'ils ne sont rien… » (p. 98). Issue de la volonté des hommes, destinée à préserver l'ordre et la liberté, la société finit dans les convulsions et dans la servitude généralisée. L'histoire, née de la rupture accidentelle de l'état de nature, reconstitue donc en son terme ultime un état de nature en négatif. À l'aube des temps, la nature, en mère attentive, veillait sur le sauvage en respectant sa liberté. Aujourd'hui, l'ordre social, fruit de l'ingéniosité des hommes, se retourne contre ses créateurs, et les soumet à son implacable destin. Le sauvage ignorait la justice, car il était incapable de faire le mal. Le droit a engendré l'injustice et la servitude. L'homme était solitaire par indépendance ; sa dépendance d'aujourd'hui le rétracte sur lui-même et brise les derniers liens sociaux. Enfin le sauvage était tout, parce qu'il existait en lui-même, le civilisé n'est plus rien depuis qu'il vit dans l'opinion des autres.

CONCLUSION

L'homme *est* libre. Et il convient de donner à cette copule « est » tout son poids véritable : son essence réside dans sa liberté. Mais surtout l'homme n'a de réalité que lorsqu'il vit dans la liberté. De tous les sens que Rousseau accorde à la notion de « nature », celui d'« Être » est peut-être le plus important. En toute rigueur, la servitude et sa sœur jumelle l'inégalité ne *sont* pas. Ou plus exactement elles traduisent une déchéance de l'Être, une chute dans le règne de l'apparence. Ce n'est pas l'homme qui est servile, mais sa caricature, cet ectoplasme qui hante les salons, s'identifie à l'image qu'on lui renvoie de lui-même, et dont le masque ne cache que le vide de la fatuité. C'est l'amour-propre, véritable virus, contracté en même temps que les premières passions sociales, qui change l'Être en apparence.

Or la raison se fait le plus souvent la complice de l'apparence et de l'amour-propre. Les pseudo-philosophes sont plus désireux de se distinguer de la foule en construisant des systèmes spécieux que de chercher sincèrement la vérité. Délestée de toute attache sensible, sans lien avec l'expérience, la raison se perd dans les nuées. Elle prend les signes pour les choses, confond l'Être et l'apparence. Rien d'étonnant, par conséquent, si le progrès des Lumières a pu s'accompagner de la décadence des mœurs.

Et pourtant la pensée de Rousseau n'a rien à voir avec ce sentimentalisme bêlant auquel on la réduit trop souvent. Il reste avant tout un philosophe au plein sens du terme. Ce qu'il condamne, ce n'est pas la raison en elle-même mais son usage abusif, cette arrogance qui la pousse à oublier la condition humaine. Exister c'est sentir ; il n'y a pour l'homme de vérité que dans les limites de l'expérience vécue. Toutefois, l'usage de la raison reste non seulement légitime mais nécessaire, aussi longtemps qu'elle reste à l'intérieur de ces limites. En dépit de tout, c'est bien la pensée qui fait la gloire de l'homme, et celui-ci n'est jamais aussi humain que lorsqu'il est devenu capable de reprendre en charge son existence de manière volontaire et réfléchie.

Aussi bien, s'il faut chercher dans le second *Discours* l'expression d'un idéal qui servirait de mesure, ce n'est pas dans le premier état de nature qu'il faut le chercher, mais bien plutôt dans les premières communautés, cette véritable « jeunesse de l'homme », où s'établit un équilibre harmonieux et presque miraculeux entre la vie sociale naissante, la raison et la nature. Quant au pacte social, par lequel l'homme cherche à construire un ordre conventionnel, il possède dans l'esprit de Rousseau le statut ambigu d'une occasion ratée. Et on a vu que son échec tenait à son manque de radicalité. C'est pour ne pas avoir suffisamment aboli l'état de nature qu'il échoue à instaurer un ordre stable.

L'idéal, selon Rousseau, c'est moins la nature en elle-même que le respect de la nature par la raison. La loi naturelle ne doit pas déterminer, mais inspirer l'homme qui, en dernière instance, est le seul à décider. C'est pourquoi la nature n'est pas une *norme* contraignante, mais un *modèle* d'inspiration. À ce titre, elle n'a de valeur qu'à travers la représentation et l'imitation qu'on en fait. La thèse selon laquelle l'homme est libre par nature trouve son corrélat dans l'idée que l'homme reconstruit librement sa nature. Ce qu'il était en *soi* (naturellement), il doit le devenir *pour soi* : librement et consciemment. C'est pourquoi une philosophie de la nature bien comprise ne peut s'achever que sur un traité d'éducation, l'*Émile*. Mais l'homme peut-il rester lui-même tout en étant son propre spectateur ? La conscience de soi ne risque-t-elle pas de tuer l'authenticité et de transformer le bonheur en regret ? Force est de constater que Rousseau n'a jamais entièrement réussi à dissiper cette inquiétude.

OUTILS COMPLÉMENTAIRES

GLOSSAIRE

ÂGE DES CABANES

Il représente la phase de transition entre le premier et le second état de nature ; sous l'effet des contraintes de la nature, les hommes se rapprochent, des familles se forment et se sédentarisent : « les deux sexes commencèrent par une vie un peu plus molle à perdre quelque chose de leur férocité et de leur vigueur ».

AMOUR-PROPRE

« Sentiment relatif, factice et né dans la société, qui porte chaque individu à faire plus de cas de soi que de tout autre. » Tirant son origine des comparaisons, il assujettit l'homme social à l'empire de l'opinion. Ne pas confondre avec l'amour de soi-même qui « est un sentiment naturel qui porte tout animal à veiller à sa propre conservation et qui, dirigé dans l'homme par la raison et modifié par la pitié, produit l'humanité et la vertu ».

DESPOTISME

Il représente la forme extrême de la corruption des gouvernements, mais aussi la phase ultime de l'évolution catastrophique de l'état civil, tel qu'il se rencontre déjà dans certains pays : « C'est ici que tous les particuliers redeviennent égaux parce qu'ils ne sont rien, et que les sujets n'ayant plus d'autre loi que la volonté du maître, ni le maître d'autre règle que ses passions, les notions du bien et les principes de justice s'évanouissent derechef. »

ÉTAT DE NATURE

Peut désigner :

– la situation originelle de l'homme avant les premiers développements des facultés. Essentiellement caractérisé par la solitude du primitif, il précède les premiers groupements humains ;

– l'état pré-juridique : selon les théoriciens de l'école du droit naturel, l'état de nature s'oppose à l'état civil institué par le pacte social.

Habituellement confondues, ces deux définitions doivent être distinguées chez Rousseau, car la nécessité d'un pacte social ne se fait sentir que très tardivement, bien après la formation des premières communautés, lorsque l'état de guerre se répand sous l'aiguillon du développement anarchique de la propriété privée.

LIBERTÉ

Outre le sens habituel d'indépendance, Rousseau caractérise la liberté métaphysique comme ce pouvoir qu'a l'homme de concourir à ses actions en qualité d'agent volontaire. Elle s'oppose à l'instinct de l'animal et représente avec la perfectibilité l'un des deux traits distinctifs de l'humanité.

LOI NATURELLE

Par opposition aux lois positives instituées par les États, elle désigne la loi que les hommes ont reçue de la nature. Son contenu, selon Rousseau, se réduit à deux principes « antérieurs à la raison, dont l'un nous intéresse à notre bien-être et à la conservation de nous-mêmes, et l'autre nous inspire une répugnance naturelle à voir périr ou souffrir tout être sensible et principalement nos semblables. »

PACTE SOCIAL

C'est la convention que les membres d'une même communauté passent les uns avec les autres et au terme duquel ils renoncent à leur indépendance afin de mettre fin à l'état de guerre. Il enveloppe :

– le pacte d'association par lequel les hommes acceptent de se plier à des lois communes et d'où procède la société policée ;

– le pacte de soumission ou de gouvernement par lequel le peuple confie la charge d'appliquer les lois à un pouvoir exécutif.

PASSION AMOUREUSE

Rousseau distingue « le physique de l'amour » de sa composante morale : « Le physique est ce désir général qui porte un sexe à s'unir à l'autre ; le moral est ce qui détermine ce désir et le fixe sur un seul objet exclusivement ; ou du moins qui lui donne pour cet objet préféré un plus grand degré d'énergie. » La composante morale, qui se fonde sur la comparaison et suscite les rivalités entre les hommes, est un sentiment acquis qui ne se déploie que dans un cadre social.

PERFECTIBILITÉ

Représente, avec la liberté métaphysique, le second trait distinctif de l'humanité. C'est « la faculté de se perfectionner ; faculté qui, à l'aide de circonstances, développe successivement toutes les autres et réside parmi nous tant dans l'espèce que dans l'individu, au lieu qu'un animal est, au bout de quelques mois, ce qu'il sera toute sa vie, et son espèce, au bout de mille ans, ce qu'elle était la première année de ces mille ans ».

PITIÉ

« La pitié est un sentiment naturel qui, modérant dans chaque individu l'activité de l'amour de soi-même, concourt à la conservation mutuelle de toute l'espèce. » C'est la présence de ce sentiment inné qui justifie, aux yeux de Rousseau, la thèse de la bonté naturelle de l'homme.

PREMIÈRES COMMUNAUTÉS

Ou « véritable jeunesse du monde » : elles correspondent en gros à l'état des sociétés découvertes par les voyageurs au XVIIIe siècle. Ces sociétés, dépourvues de toute organisation politique et juridique, se situent à mi-chemin entre l'existence isolée du primitif et l'apparition de l'état civil. Elles caractérisent ce qu'on peut appeler « le second état de nature » : «... cette période du développement de facultés humaines, tenant un juste milieu entre l'indolence de l'état primitif et la pétulante activité de notre amour-propre, dut être l'époque la plus heureuse et la plus durable. »

PROPRIÉTÉ PRIVÉE

Il s'agit pour l'essentiel de la propriété foncière. Elle n'apparaît qu'avec l'agriculture et découle originellement de la volonté légitime de s'assurer du fruit de son travail. Il faut distinguer la propriété bornée, fondée sur le travail et les besoins, et la propriété expansive qui s'inscrit dans une logique de prestige. Cette dernière engendre l'inégalité des richesses et la violence généralisée imposant le recours au pacte social.

En outre, le *Contrat social* distinguera la simple possession et la propriété proprement dite reconnue par l'État et garantie par les lois. Contrairement à une idée reçue, Rousseau ne stigmatise pas la propriété privée ; il exige simplement que celle-ci soit équitablement répartie par l'État.

BIBLIOGRAPHIE

Les œuvres complètes de Rousseau sont publiées 5 tomes sous la direction de B. Gagnebin et M. Raymond, 1959-1969, dans la collection. « Bibliothèque de la Pléiade », Gallimard.

Œuvres de Rousseau complémentaire à la lecture du **Discours sur l'origine des inégalités**

Discours sur les sciences et les arts

Émile ou de l'Éducation

Essai sur l'origine des langues

Ouvrages critiques

Burgelin, Pierre, *La Philosophie de l'existence chez J.-J. Rousseau*, PUF, 1952.

Derathé, Robert, *Rousseau et la science politique de son temps*, PUF, 1950.

Derrida, Jacques, *De la grammatologie*, éd. de Minuit, 1967.

Goldschmidt, Victor, *Anthropologie et Politique : les principes du système de Rousseau*, Vrin, 1983.

Khodoss, Florence, *Du contrat social*, « Classiques et Cie Philosophie », Hatier, 2007.

Philonenko, Alexis, *Jean-Jacques Rousseau et la pensée du malheur*, Vrin, 1974.

Polin, Raymond, *La Politique de la solitude : essai sur J.-J. Rousseau*, Sirey, 1971.

Starobinski, Jean, *Jean-Jacques Rousseau. La transparence et l'obstacle*, Plon, 1958 ; réédité dans la coll. « Tel », Gallimard.

Classiques & Cie Philosophie

400 Aristote
Éthique à Nicomaque

401 Descartes
Discours de la méthode

402 Descartes
Méditations métaphysiques

403 Épictète
Manuel

404 Épicure
Lettre à Ménécée

405 Hegel
La Raison dans l'histoire

406 Kant
Analytique du beau

407 Kant
Fondement pour la métaphysique des mœurs

408 Kant
Qu'est-ce que les Lumières ?

409 Kant
Vers la paix perpétuelle

410 Machiavel
Le Prince

411 Nietzsche
Crépuscule des idoles

412 Platon
Apologie de Socrate

413 Platon
Gorgias

414 Platon
Hippias majeur

415 Platon
La République

416 Platon
Le Banquet

417 Rousseau
Discours sur l'origine et les fondements des inégalités parmi les hommes

418 Rousseau
Du contrat social

419 Spinoza
Traité théologico-politique

Achevé d'imprimer en France par la Nouvelle Imprimerie Laballery
N° d'imprimeur : 903124 – Dépôt légal : 95902-8/04 – Mars 2019